妈妈觉醒 孩子幸福

给孩子一个更好的原生家庭

陈航武 / 著

版权专有　侵权必究

图书在版编目 (CIP) 数据

妈妈觉醒，孩子幸福：给孩子一个更好的原生家庭 / 陈航武著. —北京：北京理工大学出版社，2020.7

ISBN 978-7-5682-8372-4

Ⅰ.①妈… Ⅱ.①陈… Ⅲ.①家庭教育 Ⅳ.① G78

中国版本图书馆 CIP 数据核字 (2020) 第 060951 号

出版发行	/ 北京理工大学出版社有限责任公司
社　　址	/ 北京市海淀区中关村南大街 5 号
邮　　编	/ 100081
电　　话	/（010）68914775（总编室）
	（010）82562903（教材售后服务热线）
	（010）68948351（其他图书服务热线）
网　　址	/ http://www.bitpress.com.cn
经　　销	/ 全国各地新华书店
印　　刷	/ 保定市中画美凯印刷有限公司
开　　本	/ 710 毫米 × 1000 毫米　1/16
印　　张	/ 14.5	责任编辑 / 秦庆瑞
字　　数	/ 180 千字	文案编辑 / 闫风华
版　　次	/ 2020 年 7 月第 1 版　2020 年 7 月第 1 次印刷	责任校对 / 刘亚男
定　　价	/ 42.00 元	责任印制 / 施胜娟

图书出现印装质量问题，请拨打售后服务热线，本社负责调换

推荐／序

和市面上太多分享自己如何培养哈佛儿女,并窄化成功定义的模范母亲的育儿书不一样,航武把"以育儿为主线的家庭幸福"这件事描述得冷静、科学、易懂而又不失温度。

航武大器早成地胜任了这份我自己都觉得很难的工作,除了他心理咨询的深厚功底之外,更关键的是,他是一个有信仰、发大愿的终身学习者。除了给家长们一些立竿见影的应对良方,他更反复强调家长们自我觉察和自我修复的必要性。

尤其打动我的是,在他积累的广泛案例中,他关注到了很多其实已经越来越普遍的非典型场景和非优势人群:离异、单亲、重组、领养、二宝家庭、隔代养育以及子女配偶化、情感勒索等衍生问题。

我也亲身体验过航武的讲课现场,被他能把话说到妈妈们心里去的沟通方式深深吸引。

钱志龙博士

自/序

　　不知不觉，从事生命教育已经12年了。我视生命教育为此生使命，尽管道路崎岖，却也走得坚定而幸福，初心不改。

　　我相信生命教育，将会是未来教育的顶级形态，其宗旨在于探索宇宙真相、掌握生命规律、找到使命价值、完善人格素养，与环境（包括家庭、组织、社会、世界、自然）和谐共处，让自己以幸福（心安）的方式存在。

　　面对如此宏大的领域，我自然不敢懈怠。每年约两百天的高强度教学、大量的个案处理，让我积累了丰富的生命样本，也见证了无数平凡生命蜕变的奇迹；然而对于写书，我内心却一直觉得这该是晚年才干的事情。

　　不论一对多的教学，还是一对一的个案，都是灵动鲜活的。每一个当下都变化无穷，须因时因地因材施教，过程总是充满机锋、心流酣畅，转变的良机犹如天赐，千变万化的生命样本呈现其背后相同的生命规律——大道至简。这一再印证古今圣贤的智慧洞见，也令人对宇宙生命心生敬畏与感恩。

　　这一切固然是令人感动和惊喜的，然则一旦成书，白纸黑字往往没有了具体场景，难免断章取义；若是表达不够精确，更易误人子弟。

因此，这几年被同事和学员们时常"催书"，也难免惴惴不安。最终，给自己一个心理咨询师和家庭教育者的身份，先从家庭教育的课题入手写作，避免了泛谈宏大生命系统的尴尬。

"千呼万唤始出来，犹抱琵琶半遮面"，大概就是我此时的心情。我深知世上没有完美之事，本书也只是抛砖引玉，还望广大读者不吝赐教，让我们共同把死书读活，不断修订升级。

感恩我朴实可爱的爸爸、妈妈、二妹、小弟。我自幼多动自闭、孤僻乖张，也真是没少让父母操心。可在寻找自己的使命、追求人生理想的过程中，我的家人们始终全力支持，这是对我最大的爱和鼓励。我也把这份爱回馈给我的家人，愿他们平安、喜乐。

感恩我的第一位家庭教育老师：周煊老师。2017年老师病逝前，刚完成了她的"好家长成就好孩子"第200期课程，功德圆满。至今，老师的话犹在耳畔："我们只给了孩子肉体，而灵魂属于他自己。请一路陪伴和引领你的孩子，允许他去体验自己的人生、探索他自己生命的目的和意义，支持他走过人生的每一种历程：喜怒哀乐、悲欢离合、爱恨情仇、生老病死。"我也借此书把爱回馈给周煊老师，祝福老师开启下一段新的生命旅程。

感恩钱志龙博士推荐作序。

感恩每一位读者，感恩您选择为孩子创造一个更好的原生家庭。

目录
contents

第一章

做父母，是一生一世的修行

1. 从"无证上岗"到优秀父母：中国家长"爱的必修课" / 3
2. 养儿育女：从"本能教育"到"爱的教育" / 7
3. 不做"完美父母"，只做会成长的父母 / 11
4. 如何满足孩子的安全感与价值感 / 17
5. 在孩子的不同成长阶段，如何提供爱的养分 / 24

第二章

爱的觉醒：看见自己，才能读懂孩子

1. 亲子关系的改善，真的就在"一念之间" / 33
2. 疗愈童年未解心结，与孩子共同成长 / 38
3. 看见"控制欲"的心理动力，让孩子自由成长 / 43
4. 摆脱对"完美小孩"的追求，让孩子轻松前行 / 49
5. 看清"无条件的爱"，不做溺爱型父母 / 55
6. 每个人都是一座"冰山"，水面之下的才是真相 / 60

第三章

爱的土壤：培育健康夫妻关系，让孩子快乐成长

1. 聪明的父母，懂得尊重另一半的位置 / 69
2. 不抱怨的妈妈，是孩子最好的人生导师 / 73

3. 有智慧的爸爸，懂得用合理的方式建立威严 / 78
4. 理性处理夫妻矛盾，不让夫妻"战争"误伤孩子 / 84
5. 学会平衡事业和家庭，不做"工作狂"爸爸或"女强人"妈妈 / 90
6. 不做爱的"拯救者"，让身心回归平常 / 97

第四章
爱的序位：理顺家庭关系，让孩子无惧前行

1. 拒绝"爸爸的小棉袄，妈妈的小情人"——警惕子女配偶化 / 105
2. 当孩子试图"主持正义"——避免孩子成为父母的协调人 / 110
3. 当爷爷奶奶成为"心理父母"——如何解决隔代抚养难题 / 114
4. "我把儿子弄丢了"——避免家族成员替代父母的角色 / 119
5. "无厘头的愤怒"来自哪里——家族中的情绪双重转移 / 123
6. 画出你的"家族树"，看清家族里的爱恨纠缠 / 126

第五章
爱的语言：学会沟通，让"情感银行"保持富足

1. 学会"一致性沟通"，让亲子之间不再有"代沟" / 133
2. 看见"顶嘴"背后的需要，不轻易对孩子下判断 / 142
3. 爱的五种语言，用对方能接受的方式来表达爱 / 147
4. 避免说这几句"口头禅"，不对孩子进行情感勒索 / 152
5. 身教更胜言传，用潜意识沟通激发孩子的正向能量 / 157

第六章

爱的疗愈：当创伤不可避免，父母可以帮孩子做什么

1. 父母离异，怎样将孩子受到的伤害降到最低 / 163
2. 生二胎：怎样做才能让老大安心 / 170
3. 重组家庭：后爸后妈如何收获孩子信任 / 176
4. 单亲家庭：有一种爱叫作放手 / 181
5. 领养家庭：到底要不要告诉孩子真相 / 185
6. 及时修复分离创伤，避免亲子间的联结断裂 / 191

第七章

爱的实践：用一生的时间练习爱

1. 爱的发现：如何发现天赋，让孩子实现梦想 / 199
2. 爱的镜子：从看见到改变，优秀父母进化指南 / 207
3. 爱的习惯：从他律到自律，让爱成为一种习惯 / 212
4. 爱的圆满：借助造物的力量，追求个人与家庭生活的圆满 / 217

第一章
CHAPTER
1

做父母，是一生一世的修行

1 从"无证上岗"到优秀父母：
中国家长"爱的必修课"

"一想到为人父母不需要经过考试，就觉得真是太可怕了。"

这句话已经成了互联网上人们"指控"父母的证言之一。确实，中国有太多家长是在心理上还没准备好的情况下成为父母的。有的是因为"结了婚就该生孩子"，有的是因为"父母想抱孙子"，甚至有的纯粹是意外……

但是，站在一个心理咨询师的角度，我想说："成为父母"并不是一个结果，而是一个过程。它不是在孩子出生的瞬间就被决定的事情，而是要用一生时间来修习的功课。

因此，请大家也对中国的爸妈们多一份宽容，给我们一点成长的时间。

是的，我说的是"我们"。因为我自己也是一位父亲。即便已经从事了10多年的家庭教育和心理咨询工作，很多时候我依然会感到很崩溃。因此我完全能理解大部分父母的无助。受环境和条件所限，大部分父母并不能及时跟上时代的变化和孩子的成长，这是导致亲子关系出现问题的根本所在。

所以，作为一个家庭教育老师和心理咨询师，我给自己的工作定位是"陪伴父母成长"。

刚入行的时候，我也像很多咨询师一样，热衷于做亲子关系的个案，尝试"解决"孩子的问题。我做过大量"问题少年"的个案访谈，也带过很多青少年的团体工作坊。而我发现一个现象：绝大多数"问题少年"

妈妈觉醒，孩子幸福：给孩子一个更好的原生家庭

在经过三四天的团体辅导活动之后，都恢复了"正常"——要知道，这些孩子刚来的时候可不是这么"正常"，他们有的抽烟把酒店地毯烧出几个洞；有的突然把玻璃杯摔到地上；有的作势拥抱我，但却在我后背上用力打了几拳……

活动结束时，父母们很欣喜地把孩子领回去。孩子们回家后都会有不同程度的改善，但不少孩子在几个月之后，又打回"原形"了。

这是怎么回事呢？

很快我便发现，问题并不在孩子身上，而是在孩子成长的环境。

孩子好比是一株花，把它种在营养贫瘠的花盆里，这株花便发育不良；当它被挪到一个土质肥沃的花盆里，这株花不久便欣然绽放。可是当你将它再挪回原来贫瘠的花盆，这株花会怎样呢？这就是孩子被打回"原形"的原因了。

其实，大部分孩子需要的并不是"治疗"，而是需要一个能够真正懂得如何去理解他们、关爱他们、鼓励他们的父母。孩子要的是父母高品质的陪伴，从父母那里获得源源不绝的温暖。倘若父母不了解自己的孩子，无法提供给孩子爱的养分，便失去了支持孩子成长的力量。而在孩子成年以前，家庭外的心理支持力量，远远不如家庭内的力量那么重要。如果父母对待孩子的方式不发生变化，外部的支持力量很难带给孩子巨大的转变。

于是，我开始把家庭教育和心理咨询的工作重心，从"治疗"孩子，转向整个家庭教育环境的重塑。为了推广这样的家庭教育理念，我们的公益组织（浙江省幸福种子公益事业发展中心）在过去几年不遗余力地举办了数十场大型家庭教育公益活动（"中国好家风"全国公益行）。

但即便如此，我们也总是遇到家长们类似的抱怨：

"我家孩子真是太难带了，好说歹说就是不听话！"

"我也知道情绪上来时不应该打孩子，但除了动手我实在想不到别的

办法了。"

"老师,您看能不能帮我解决一下孩子的问题?"

……

我常常告诉他们:"我理解你们的心情,很想尽快解决问题。今天孩子的问题已经是一个结果,是过去一连串的内因和外缘促成的,我们需要一些时间去探究清楚因果关系,才能对症下药。同时,也需要你们对孩子的成长规律有更深入的了解。所以你们夫妻俩愿意先来学习亲子教育的一些课程吗?"

很多父母听到这话就"炸毛"了:"什么,让我们来学习?难道不是应该把孩子送来学习的吗?为孩子花多少钱我们都愿意啊!我们已经付出得够多了,什么都给他最好的……"

这是当家庭中出现亲子关系问题时,我们父母最常见的反应:孩子出问题了,需要学习,需要被"改造"。孩子变"好"了,整个家庭就和谐了。

实际上,最需要学习的,恰恰是抱着这种态度的父母。

父母是孩子的第一个学习的对象、模仿的榜样。从孩子出生的那天起,我们便进入一个全新的角色,我们也是第一次做父母,对育儿有太多不了解的事情。面对不断变化的家庭生活,倘若父母惰于学习,我们又如何能要求孩子努力呢?

当孩子开始上学之后,父母一般都有催孩子去上学的经验。孩子睡不醒,慢条斯理地换衣服、吃早餐,父母就跟在屁股后面一直催促,送到学校后还要加上一句"专心听课,好好学习"。可如果我们做父母的,连腾出几天时间来探索一下孩子成长的规律都觉得麻烦,又凭什么要我们的孩子每周五天都做到"专心听课,好好学习"呢?

那么,我们的工作坊到底有什么魔力,能在短短三四天的时间内让一个"问题少年"的行为发生显著变化呢?

其实很简单——我们没提供什么灵丹妙药,也没讲什么大道理,只是

妈妈觉醒，孩子幸福：给孩子一个更好的原生家庭

为孩子们提供了一个安全的、有爱的环境，让一些真正关爱孩子的老师、助教陪着孩子们，在精心设计的教学体验环节里，让孩子自己去探索、领悟和改变。我们没有要求孩子改变什么，但改变就在自然而然中发生了。

很神奇吗？其实不然。之所以出现这些"问题"，都是因为某些内心需求没有被满足。一旦这些内在需求被满足了，许多问题自然也就不存在了。当然，对童年阶段的孩子来说，家庭外部提供的爱的养分，并不能替代亲生父母的爱。因此，许多深层次问题的彻底解决，还需要父母更多地参与。而顽固不化的父母，却往往让孩子已经得到明显改善的问题死灰复燃，致使我们对孩子辅导和训练的效果难以得到夯实。

每一个孩子都是一颗种子，而每一个家庭都是一盆土壤。当土壤出现问题，而且不愿去改变自己的时候，再优秀的种子也会在成长中扭曲、变形。

所以，当"孩子出问题"了，我们首先要做的，不是从孩子身上找原因。

孩子是一面镜子，可以帮我们检测自己的"家庭土壤"是否出现了问题。

改变土壤，种子自然会按照其生命的节奏优美地生长。

如何为孩子提供充满营养的成长环境，这是这个时代所有中国父母都需要学习的"爱的必修课"。

做父母，是一生一世的修行

养儿育女：从"本能教育"到"爱的教育"

什么叫"本能教育"？就是用本能反应来对待孩子。

比如当孩子还小的时候，很容易在探索世界的过程中遭遇各种"危险"——水、电、火、刀等，任何一种"危险品"，都让做父母的心惊胆战。那么我们想象一个场景：某天，当你正在厨房里做饭的时候，你的孩子突然兴冲冲地拿着一把剪刀出现在你面前，这时候，你的反应是什么？

大部分父母的本能反应都是：要赶紧把剪刀夺过来，不要伤到孩子。温和一点的妈妈可能会先跟孩子沟通一下：宝贝，剪刀很危险，交给妈妈好不好？但孩子会做什么呢？一般都会拒绝把"危险品"交出来。为什么？因为这是儿童探索世界的一种方式——他们发现了一件新鲜的东西，就会尝试搞清楚它们，而且会试图跟大人分享。孩子将剪刀拿给妈妈看，他的潜台词是：妈妈快看，我发现了一个新东西！你看我多厉害！

但是，当父母的却一般"听"不到孩子的心声，我们看见的只是孩子可能会遭遇危险，需要尽快解决这个"问题"。所以当孩子不听劝，继续摆弄剪刀的时候，父母就开始发怒了："这孩子怎么就不听话呢！"于是一把把剪刀从孩子手里夺了过来。孩子探索和分享的过程被打断，于是开始哇哇大哭。如果孩子不愿屈服，父母甚至会动手打孩子。

做出上面的这些行为，父母并不需要用大脑来思考，而是本能的反应。甚至父母即便学习过许多亲子教育的"妙招"，在面对孩子这样突如其来的挑战时，也往往把那些妙招忘得一干二净。

那么，父母的这些本能反应是怎么产生的？这就需要了解人的本能

7

需求。

我将人的本能需要，归纳为两类基本需求：安全感和价值感。

安全感是人关于"确定性"的需要，好比当我们内心确定"明天肯定有饭吃"，我们就不会为明天能否吃上饭感到恐惧、焦虑——这是满足基本生存的安全感。

而当我们内心确定"爸爸妈妈会一直陪伴我"，我们就不会总是担心父母抛弃我们——这是满足家庭关系中的安全感。

同样的，我们还会很在意朋友、组织等社会关系和未来伴侣关系的稳定性。这些都是为了满足我们内在的安全感。

价值感则恰恰相反，它是人关于"不确定性"的需要。面对充满未知的未来，我们竭尽全力去设定目标、追求理想，以彰显自我的价值。如果未来一切都已经确定，我们便会觉得索然无趣。对于未知的探索与创造，为社会创造价值，获得社会的认同和尊重，甚至实现更高的使命和愿景，带给世界深远的影响，这都是在满足生命自身的价值感。

著名心理学家马斯洛的需求层次理论大家都耳熟能详。他将人的需求分为生理需求（Physiological needs）、安全需求（Safety needs）、爱和归属感（Love and belonging）、尊重（Esteem）、自我实现（Self-actualization）。这五种需求由低到高，层层递进。大家对比一下就会发现，前面三种需求主要是满足安全感；而后面两种需求则主要满足价值感。

现在，让我们再回到前面的"剪刀事件"中。当父母看到孩子拿着剪刀，首先感到"不安全"，于是为了满足自己的"安全感"，父母开始呵斥孩子——注意，当父母这样指责孩子的时候，孩子的安全感恰恰没能得到满足，而是感受到恐惧，或者被灌输了"这个很危险"的信号。也就是说，当父母试图满足自己安全感的时候，却往往牺牲了孩子的安全感。

而当父母因为孩子的反抗打骂孩子的时候，往往不是单纯因为剪刀的事情，更重要的是因为"孩子不听话"，心里的潜台词是："你不听我的话，挑战了我的威严，这让我很没面子"，也就是父母的价值感被挑战了。为了维护自己的价值感，于是采取暴力方式打压孩子。

这个时候，孩子会怎么想呢？"爸爸妈妈居然为了一把剪刀打我，我还不如剪刀重要呢。"——孩子的自我价值感反而受到了打击。

现在我们明白了，什么是本能的教育？就是为了满足自己的安全感和价值感做出的本能反应，可这样却往往会伤害到孩子的安全感和价值感。

有些父母可能会提出质疑：难道我们就看着孩子玩剪刀吗？万一真的把自己割伤了怎么办？

当然不是——不过，懂得孩子"语言"的父母，会找到更合理的处理方式。其实，当遭遇类似的情况时，父母根本不需要去跟孩子讲有多危险，因为孩子根本就没有"危险"的概念，那么我们可以试试这样操作：

首先，隔离危险。我们可以先抓住剪刀的尖端部分，然后跟孩子说："宝贝，你是发现了一个新东西，想给妈妈看对吗？"这样就给了孩子一份"看见"，而不会阻断他的探索过程。然后再跟孩子商量："你是想知道这是什么东西，对吗？让妈妈给你示范一下，好不好？"这样孩子就很可能愿意把剪刀交给你。当孩子把剪刀交给你之后，你可以演示给他看剪刀是怎么用的，甚至可以让剪刀尖在孩子手上轻轻扎一下，让他了解剪刀是能让人受伤的。这个过程，是不是让孩子很安全地学习到了"剪刀的危险"？父母跟孩子的安全感都没有受到伤害。

然后，父母再告诉孩子："这是大人用的大剪刀，如果你想玩的话，我给你买一把小朋友用的小剪刀，好不好？"之后真的给孩子买一把安全剪刀，再给他一沓彩纸，让他自己玩就好了。我相信，孩子肯定会玩得不亦乐乎，还会将自己剪出来的图形与你分享。这个过程，是不是让孩子不断地探索、发现、展现自我，价值感也得到了满足？如果孩子一直以这种方式被对待，其好奇心与探索欲就能够得到很好的保护，思维能力和动手能力都会得到锻炼——这些都是热爱学习、富有成就的人相当重要的品质。

当然，我们在这里讲的是一个理想化的模型，现实中可能很难有父母能这样"完美"地应对类似状况。因为父母自己也没有成长在一个完美的家庭里，父母自身的安全感和价值感都不够高，这就会导致我们不断去寻求安全感和价值感的满足，结果伤害到孩子的安全感与价值感。

但是没关系，我们可以深入地探索自己的这些行为模式和情绪反应机制。找到关键的转化点，通过有意识地学习、锻炼、成长，不断提升自己的安全感和价值感，从而在抚育孩子的过程中，更多地关注和满足孩子的安全感和价值感——这就是所谓的"爱的教育"。

我们从成为父母的那一刻，便展开了一场学习爱的旅程。

而这个旅程，首先要学习的，是如何爱自己，也就是提升自己的安全感和价值感。

不做"完美父母",只做会成长的父母

著名心理学家温尼科特提出了"足够好的妈妈"的概念。他说:孩子需要一个不会报复的人(妈妈),因此可以滋养出"时刻准备好接纳我的本能排山倒海般涌出"的感觉(摘自《温尼科特传》)。

但是,这个"足够好"的概念却依然引发了很多父母的焦虑。很多父母(尤其是新手父母)在学习了心理学知识之后,生怕自己被贴上"不尽责"的标签,所以在养育孩子时特别紧张,生怕自己将从原生家庭带过来的"不好"的性格特质影响到孩子的成长。

尤其是在社交媒体发达的年代,"养育孩子"已经成为一个不断被众人拿来检视与讨论的议题。每当网上出现引发争议的育儿方式时,网络上许多人就会开始讨论为什么这些方法会对孩子造成伤害,有的网友还会分享自己童年遭受过的类似伤痛。这让很多父母感到压力巨大,好像自己一不小心就会伤害孩子的心理健康,从而背上了沉重的"完美父母"的重担。

这种观念的结果是什么?

结果是父母开始用高标准去看待孩子的表现。只有孩子乖巧懂事、有礼貌、成绩好,并且受到周遭亲朋好友的肯定,父母才会觉得自己是成功的爸妈。然而,一旦孩子的表现不符合期待,外在表现没有达到标准,爸妈就会觉得丢面子,认为自己是不负责的父母,会被长辈亲友嘲笑是不成功的父母。

互联网和社交媒体进一步放大了这种焦虑。看到朋友圈里别的家长在带着孩子旅游、画画、培养各种特长，焦虑就开始发作，生怕自己做得不够好，阻碍了孩子的天赋成长。所以，我们要求自己在"带孩子"这件事上尽力做到完美。

但是，身为父母这件事，或许该学着练习"不完美"。

孩子的成长过程是一个"爱的爬爬梯"。每一个阶段，父母都需要面对一个新的，甚至是陌生的孩子。孩子越小，这个变化的过程就越快。刻意追求完美的父母，往往会更加焦虑，反而不利于孩子的健康成长。

德国一项调查研究显示，很多人认为刚成为父母的前两年所带来的压力程度，比起离婚和失业所产生的压力还严重。不仅如此，这些受访者还说，如果坦承这些挣扎与不安，会让他们看起来像是个很差劲的父母，会很没面子。毕竟，大家都说"母爱是本性""孩子出生后就会知道该怎么做"，好像当父母是件很自然、很简单的事情。

但显然，当父母不仅不是自然而然就会的，而且需要持续的学习。

前阵子我看到一则新闻，一位新手妈妈说自己生完孩子后，生活发生了翻天覆地的改变。她还说，如果可以重来，会选择不要生小孩。她遭到众多网友攻击："你自己决定要生的，生了就不要抱怨。"当父母承认自己的挣扎时，得到的不是接纳与支持，反而是社会大众与周遭亲友的指责与批评。

当周遭没有支持，许多爸爸妈妈只好戴上"完美父母"面具，隐藏起自己的挫折与挣扎。给自己戴上了"完美面具"，实际上也就相当于给孩子戴上了同样的面具。因为只有孩子表现优异，只有孩子很成功，父母才会觉得有面子，觉得"我是个成功的父母"。

但是，"完美父母"并不存在，每个父母都会犯错。

而孩子也不需要完美父母，他们需要的是能够花时间和力气去了解他们的父母——愿意看见他们的需求、听他们说话、不断学习、不断改变的父母。

第一章

做父母，是一生一世的修行

作为一个心理咨询师，我经常需要在"教导父母"与"安慰父母"之间取一个平衡。在我看来，父母伤害孩子不奇怪，也不可怕，可怕的是父母不愿意学习、改变，不愿意弥补自己对孩子造成的创伤。

曾经有位来访者，我们姑且称她为"月梅"吧。从她在朋友圈和其他社交媒体上发出的信息来看，她似乎过着一个所有女人都渴望的"梦幻人生"：她有两个可爱的孩子，分别是六岁和两岁；她热爱她的工作和家庭，先生高中时期便与她相恋；父母住在附近的小区，也非常热衷参与这对年轻夫妻的生活；朋友圈里一天到晚都有她穿着精致服装，参加社交活动的照片。她的生活看起来近乎幸福完美。

但是，这样一位"完美妈妈"却来找我咨询，说自己快要失控了。她感觉自己已经不再喜欢自己的孩子。内心深处，她担心自己是个失败的母亲。她想成为小时候梦想中的妈妈，却发现自己持续被手机、工作，以及朋友圈里对她发的萌宝照片的回复所干扰，她觉得自己并没有真实投入孩子的生活中。

她觉得自己愿意为孩子付出一切，并认为自己尽了全力。然而，他们家的气氛依然沉重、紧张。她和老公之间没有任何肢体接触；她的大儿子饱受重度焦虑所苦，总是大闹脾气，很少开怀大笑。虽然她父母经常出现在他们生活中，并且全心爱着孩子，但她始终觉得自己正在被父母的目光审视，这让她格外紧张。她知道自己应该投入到孩子的生活之中，但不知为何却没有动力改变现状。内心的自责与潜藏的羞愧感促使她持续参与各种社交活动，有意用任何可以带她逃避痛苦现实的事物来使自己分心。

这种压力让她在面对孩子时越来越失去耐心。比如当儿子的焦虑发作，抗拒去某个地方或尝试某件事情时，就会引发她的情绪化反应。她的声音提高，对着儿子大吼大叫，但这无疑更加重了儿子的焦虑。每当这时她又陷入了自我批评，觉得自己不应该这样对待儿子；但下次一旦遇到类似的情况，依然无法控制自己。她就这样陷入了一个恶性循环。每当无法面对内心的负罪感时，她就开始狂吃狂喝，最终体重开始快速增加。这让一直在朋友圈里显得"完美"的月梅极度恐慌。

经过几次个案咨询，月梅才最终意识到逃避并不能解决问题，她开始系统地学习、练习，尝试改变家中不健康的亲子关系模式，并接纳自己的不完美。

像月梅一样的父母其实很常见。在教养孩子的这场"戏"中，他们就像是害怕自己表现不够完美的"表演者"，不能容许自己有失误，于是不断要求孩子一定要配合演出，孩子的表现就像是一张张评分表，仿佛一旦出了差错，就会被盖上"父母失格"的章一般，自己过得不开心，与孩子也处得不愉快。

可以说，世界上没有完美的家长。因为"做父母"的知识有限、经验不足是非常正常的。过度期待容易造成家长的过度焦虑，最终反而伤害到孩子的心理健康。放弃成为"完美父母"的幻想，是我们开始学习、成长的第一步。

在面对教养子女这件事时，父母可以选择成为爱面子的"表演者"，总是在意别人对自己的评价；也可以选择成为"学习者"，自己能不断进步，所以可以接受自己有不会的事情，愿意一点一滴地吸收并且理解，让自己不断成长提升。

"我的妈妈从来没跟我道过歉，也从来不承认她做错了。"曾有另一位年轻的来访者这样说，"从小到大，什么事情都是她说得对。有一次她错怪我拿了她的东西，东西找到后，她也不跟我道歉，只是开玩笑地转移话题。我真希望她可以跟我道歉，一次就好。"

就像这位年轻来访者一样，许多人的童年经验都是"我的父母从来都不跟我道歉"。在成长过程中，因为没看过自己的父母示范如何健康地修补关系，所以长大成为父母后，也同样不知道如何修补裂痕。于是，许多人在成为父母后开始追求完美，不敢犯错或是不敢承认自己做错——代际间的又一轮轮回开始。

所以，我想告诉爸爸妈妈们，不要害怕与孩子的关系出现裂痕。当裂痕出现的时候，不要停步于懊恼和自我谴责："我怎么能对孩子说出这样的话，我真是一个失败的妈妈！""我真是一个糟糕的爸爸！"当父母淹没在自责中，就忽略了更重要的事情——修补裂痕。

修补是指父母愿意找时间和孩子谈发生了什么事情，承认自己的错误。经由破裂与修补，孩子可以理解到，父母会犯错，也会做修补——也就是说，人都有可能会犯错，但也有能力和机会去修补错误。

父母每一次犯错都可能让亲子关系产生裂痕，不过，裂痕出现后如果伴随着修补，反而更可以促进孩子成长。

当父母能够接纳自己的不完美、接纳自己会犯错，并且在犯错后及时做修补，其实是在给孩子示范一件人生中最重要的事情——犯错并不是世界末日，而是人生的一部分。不论是亲子、婚姻、恋爱、职场，还是朋友关系，要维系一段健康关系并不是确保"关系没有裂痕"，而是要能够辨识并承认这些裂痕，并且修补所产生的伤害。

关系破裂后需要伴随着修补，这是许多父母忽略的事情。因为在大部分人的成长过程中，并没有谁对你示范过如何修补关系。于是，很多人在成为父母后，无法接纳自己犯错，或是在伤害孩子后，不知道该如何承认错误，更不用说修补裂痕了。

其实我作为一个心理咨询师，也需要经常不断地自我检视。我在做个案咨询时，常常要不断反思：我现在对个案说的话，是为了满足自己的心理需求，还是为了帮助个案？在养育孩子上面，我建议父母可以这样问自己："现在我做的事情，是为了要让自己看起来像个完美父母，还是为了满足孩子真正的需求？"

父母要能够辨认裂痕，承认并修补错误，第一步就是要练习成为不完美的父母，要接受身为人类就会犯错的事实，这样才能够承认并接纳自己的错误。只有抛下完美父母的面具，才能去理解孩子行为背后真正的需求，不然，如果父母只看见孩子的行为，就可能认为孩子做什么都是故意的，认为都是孩子的错，也就错失了辨认与修补裂痕的机会。

我们不需要完美父母，也不需要完美小孩，我们需要的是正常的父母和正常的小孩。正常是指会犯错，而且还可能常常犯错。但是在犯错后，每一个人都有能力去承认错误，修补关系。

这世界上没有两个一样的孩子，也没有一样的父母。当父母愿意放下对"完美父母"的执着，试着让孩子不再成为重大压力源，而是学习陪伴着孩子成长，接受彼此的不完美，在互相理解与陪伴当中感受彼此的爱与信任，孩子也会更加轻松健康。

"足够好的父母"不需要做那么多，只要给予孩子基本的安全感和价值感，就够了。

4

如何满足孩子的安全感与价值感

先说安全感。孩子一生下来闻到妈妈的味道,听到妈妈的声音和心跳,就会自然而然地产生一种安全感,这种安全感会延续到他长大。美国著名心理学家艾瑞克森(Erikson)的研究指出,婴儿出生至一岁半左右,是发展对人的基本信赖感的阶段。孩子一出生,父母就应常常给他拥抱、亲吻,回应孩子的眼神、声音,多和他说话,这是建立亲子关系最重要的开始,也是让孩子产生安全感的基石。如果这个阶段孩子的照顾者常常更换,比如一下换成保姆,一下又换成阿姨,一下又放到托儿所,在这种不稳定的状态下,孩子就不容易发展出与人基本的信赖感,没有信赖感就没有安全感,没有安全感就不容易产生自信心。

有一位家长曾向我咨询:老师,我家孩子不愿意上学,一到上学时间就生病、发高烧,而且不是假装的,是真的发烧,可到医院检查也查不出问题来,该怎么办?

我分析道:孩子这种"发烧",很可能是在表达对安全感丧失的焦虑。当他不能用语言说服父母的时候,身体就开始提出"抗议"。出现这种情况,要么是父母给予孩子的陪伴不够,孩子不愿意跟父母分开;要么是学校的环境对孩子来说不够安全——这时候父母就要注意,孩子是不是在学校里遭受了什么伤害。

孩子从出生到三岁,是安全感特别匮乏的时期。这期间妈妈和孩子的分离时间最好不要超过一天,如果超过一天该怎么办呢?很多中国父母的办法是哄骗:宝贝乖,妈妈一会儿就回来。结果孩子等了两天都不见妈妈回来，这时候他的安全感就会被伤害。

正确的办法是，提前给孩子做好心理抚慰工作，告诉他自己去哪儿了，什么时间会打电话，感到害怕的时候可以找谁……总之要让孩子知道安全感的获得来源。

为什么有的家庭能帮助孩子应付各种问题，有的却不能？其中的关键就在于能否给予孩子足够的安全感。英国著名教育学者斯宾塞认为，家庭能否给孩子力量，取决于家人之间的感情密切程度。对于情感密切的家庭来说，不管孩子在外面遇到什么，家庭总是他的加油站。

美国 1989 年的学业性向测验，最高分落在南达柯塔州（South Dakota），这引起许多人的好奇。若从教育资源来看，这是全美教师薪资最低、每个小孩分配到的资源倒数第八的州，但却有最好的成绩表现。有关人员做了一番研究发现，这个州的离婚率最低、家庭关系紧密，并且还保持了传统的价值观。

那么，做父母的，应该如何帮助孩子建立基本的安全感呢？我在这里提供三个小技巧：

1. 陪伴不指责。

比如孩子在外面犯错误或者受伤了，父母的第一反应不应该是指责，而是给孩子安全的陪伴，允许孩子释放他的情绪。当孩子哭过了、感到安全了，再来跟他们讲道理。

2. 信任不控制。

比如跟孩子约定好晚上七点半回家。假如回家的路程是十分钟，我们可以在七点二十的时候打电话提醒一下，这就足够了。不要像很多家长那样"连环夺命 Call"，弄得孩子很焦虑。

3. 自由不干扰。

比如青春期的孩子，开始极度在意个人隐私。这时父母要协助孩子建造自己的"心理安全屋"，让孩子可以放心地待在自己的个人空间。切忌打探乃至偷窥孩子的隐私。

归根结底，要满足孩子的安全需求，关键就是营造一个让孩子感到亲密、舒适、放松的家庭气氛。比如，家长可以和孩子做一些家庭游戏，和孩子谈谈家里的往事，或者在晚餐时和孩子聊聊天，这些都有助于促进亲密家庭氛围的养成。

父母终会老去，但带着这份与家庭亲密的联系，孩子必然会有更多面对未来的力量。

接下来我们来谈谈价值感。什么是价值感呢？就是一个人觉得自己是重要的，自己的生命是有价值的，自己的存在不是可有可无的。

孩子三岁以后，探知世界的本能越来越强烈，这时候妈妈应该适时退后，避免孩子被过度保护，让爸爸多承担一些带孩子的重任。假如爸爸在孩子的成长过程中是缺位的，孩子容易缺乏自信和力量去探索世界，价值感也容易降低。

为什么很多孩子有"网瘾"，一天到晚地打游戏呢？因为他在现实生活中没有获得足够的价值感，所以转而去追求网络里那种虚拟的价值感。有很多孩子在现实生活中学习不好、得不到老师同学的尊重，但他在游戏世界中可能是个"大神"，是被成千上万人膜拜的对象。将心比心地想一想，让你在这两个世界中做出选择，你会怎么办？

所以孩子得了网瘾，父母一味去进行指责肯定是无效的，因为"网瘾"并不是问题产生的原因，而是孩子价值感得不到充分满足所带来的结果。

曾经有一位妈妈来找我咨询，说自己的女儿才初中就沉迷于"名牌"产品，穿的用的都吵着要名牌，让自己压力很大。倒不是怕花钱太多，而是怕女儿养成爱攀比的习惯。她和先生曾经努力开导过一阵子，好像之后女儿有所收敛，但后面又开始"不听话"了，而且比之前的状况更严重。她怀疑，是不是因为女儿在初中住校一段时间，被一些"不良少年"给带坏了。于是他们把女儿接回家，不再让她住校，试图重新教育她，但女儿并不听他们夫妻的，亲子之间产生了很大冲突。

从心理咨询师的角度，看到任何一个现象时，我们都会先探索一下这个现象背后的心理动力是什么。

所以我先跟这位妈妈探讨了一下人们追求名牌的动机是什么。名牌是指质量高于普通商品、价格也远高于一般水平的产品。但更重要的是，品牌真正的意义是具有某些附加价值，比如可以象征社会地位，或展现自己的经济财富等。追求名牌并没有什么不好，因为它的确拥有好的功能、美感设计和质量保证，但如果到了非名牌不用程度，就会产生问题。

人们追求价值感的方式有很多种，比如努力读书或工作以获得好的学历、职位等，但使用名牌是最快捷的方法，可以快速吸引别人的目光，不用花太多的时间精力去培养和累积。那为什么这个孩子会选择这种方式呢？

通过访谈我了解到，这位女儿并非天生对产品品质敏感，对名牌的需求是后天养成的。因为女儿在住校期间与父母比较疏离，我就让这位母亲再往前回溯一下：在女儿住校之前，父母跟她的关系如何，够不够亲近？再就是，女儿读的是比较昂贵的私立学校，身边可能充斥着从小习惯用奢侈品的同学，这是否对孩子的心理构成了压力？

经我这么一问，这位妈妈才发现自己对女儿的确太缺乏了解了，根本不知道女儿在学校的生活过得怎么样，自己将注意力都放在了女儿"要名牌"这一行为上。

当一个人的自我价值感过低的时候，就会想透过外在的东西来补偿或填满。每个人使用的方法又不太一样，有的人是在学业上追求名次，以得到父母的爱；有的人是在运动或其他才能上追求表现，以得到别人赞赏的眼光；有些人则可能是通过使用名牌产品，来表现自己的价值。

这位妈妈哭着问我该怎么办，还有没有机会让女儿"重新走上正途"。我建议她不要着急，试着用新的眼光跟孩子建立新关系。孩子重新回家，之所以会跟父母产生摩擦和冲突，是因为之前亲子关系就不够亲密。接下来要做的，首先就是补上之前没做的功课。

首先可以先观察她，而不是先开口说话。观察她现在的兴趣、喜好、才能和天赋，比如说，她是不是从小就喜欢美的东西？或对某些感官事物特别敏锐？这需要父母从日常生活细细地观察她。

其次多跟女儿聊聊，用好奇探索的心态了解她，而不是带着指责和评判。比如像朋友一样跟她请教："为什么这个牌子的耳机会比较好？好在哪里啊？"或是"为什么你会喜欢这件牛仔裤，而不是那一件？这两件有什么不一样？"

如果女儿可以说出一个所以然来，比如她说"这件牛仔裤剪裁的线条不一样，它可以表现出臀部的曲线，拉高腿部的线条"等，就代表女儿的确自有一套对事物的鉴赏能力，有其敏锐度。但如果女儿回答："我们同学都穿这个啊。"或是"别人有，我也想要。"就代表她受到同学的影响较大——不过也不要因此抹杀她的欲望，因为同学所带来的压力，对她这个年龄段的孩子来说，还是很大的，要用别的方法来引导。例如可以告诉她："你希望能和朋友一样，朋友有的你也有，你觉得这样可以有助于你们的关系？这是唯一的方法吗？"透过开放式的对友情的讨论，可以慢慢地让女儿分辨什么是真正的友情、什么样的交朋友方式才更贴切。

如果女儿只是语焉不详地来一句："哎呀，你们都不懂，不要再问了。"也不要因此感觉受挫，因为青春期的女儿正在从"儿童"成长为"大人"，可能自己都搞不清楚自己是怎么回事，说出来的话当然也会含含糊糊。不要因此就被她激怒，或是追着她弄明白，把关系弄得很紧张。

要打破父母在女儿心中的刻板印象，和她建立亲密的关系。比如主动去学现在流行的软件，会让她眼睛一亮：原来爸妈也懂这些啊！从而不再觉得父母只会死板地抱着以前的东西教她。

除了从她感兴趣的东西切入,也可以参与她的生活,培养共同的活动爱好,比如一起运动、一起读书等,这会让她觉得父母不是离她远远的、只会教训她,而是每天和她生活在一起,是她可以依赖的对象。

这样,或许女儿就不再需要通过"买名牌"来实现自己的价值感,而是能从家庭中感受到爱与被爱,从而认识到自己的价值感不需要通过名牌这种外在的东西来实现。

这位妈妈一边自己学习成长,处理自己内在的障碍;一边也按照这样的方式回家去实践了。果然在一个月之内,女儿的行为就开始发生了变化,开始愿意向父母吐露自己的心声。追求名牌的冲动也慢慢地消退了。

在这里同样提供三个小技巧,帮助父母学会满足孩子的价值感:

1. 聆听与分享。

就像前面分享过的"危险剪刀"案例,当孩子试图向我们展示一个在成年人看来有危险的发现时,我们可以先聆听孩子的心声:哦,孩子在试图获得我的认可呢。那就让孩子自己来分享其探索的历程和感受吧。

2. 肯定与鼓励。

意识到孩子在向自己展示价值的时候,我们可以以肯定的方式化解"危险":宝贝你是发现了一个新玩具吗?真棒,能不能给爸爸/妈妈看看?当孩子要去面对一个新的挑战时,父母可以鼓励孩子勇敢面对,让孩子留意整个过程中自己会发现什么,又是如何找到解决方案的。

3. 展示阶段性成果。

如果孩子对剪刀感兴趣,我们可以买一把儿童用的安全剪刀,然后教他如何使用。当孩子不断剪出新的图形时,有可能每剪一个,就来找父母分享。这时候父母不得不停下手头的事情,很容易感到烦躁。在这样情形下,我们可以引导孩子阶段性地来展示成果,比如剪完一沓纸以后再一起拿过来跟父母分享,而父母会给孩子一个奖励——这种方式,也叫延迟满足——让孩子努力一段时间,再得到一份回报。既能让孩子享受过程，又能培养孩子的耐心。又如弹钢琴，可以让孩子每周展示一次，每次展示时，父母可以为孩子邀请一些观众，并且为孩子的进步做一个小小的庆祝。这样孩子会不断有新的热情产生，孩子的价值感也会越来越高。对于培养一项需要长时间投入才能获得的能力，阶段性展示是很有效的方法。

从我的经验来看，大部分让父母头痛的所谓"教育难题"，基本上都可以从孩子的安全感和价值感缺失上找到根源。一旦孩子感到安全、有价值，大部分"问题"也就迎刃而解了。

每个孩子都是一颗神奇的种子。只要给他们足够的养料，他们就会成长为参天大树。

妈妈觉醒，孩子幸福：给孩子一个更好的原生家庭

在孩子的不同成长阶段，如何提供爱的养分

在心理咨询中，我们很注重考量一项测评指标：情感支援网。

所谓情感支援网，就是一个人在其家庭内部和家庭外部，能够获得多少情感支持。最简单的表现在于，当他遇到一些烦恼伤害时，是否有人能够陪伴、倾听，引导他走出困境。

假如一个孩子没有情感支援网，那将是一件很危险的事情。正如曾经发生在上海某高架桥上的悲剧：一个孩子因为被妈妈责骂而打开车门，从高架桥跳下自尽。

在那一刻，如果这个孩子能够想到一个，哪怕只是一个亲人或朋友，打个电话过去把自己对妈妈的情绪宣泄出来，这个孩子也不至于跳桥。

许多孩子的悲剧，不是因为痛苦太大，而是因为容受痛苦的空间太小。其中原因，一方面在于家庭教育出现问题，使得孩子承受压力的能力太弱；而另一方面，也是因为孩子没有情感支援网。

一片有营养的爱的土壤，能够很好地为孩子建立情感支援网。

意大利著名儿童教育家蒙台梭利认为："一个新的生命降临时，它本身就包含了神秘的主导本能。""新生儿是自己的主观创造者。"尤其，在儿童的敏感期内，儿童会更加努力锻炼自己的能力。在此期间，成人要做的就是不要阻碍儿童敏感期的发展。

人一生的成长，分为幼年期、童年期、少年期、成年期、老年期等几个阶段，所以父母的一生，也要跨过这5个台阶，伴随着孩子的成长而成长。这是我们一个人的心理成熟过程，也是我们的精神从早期爱的累积走向

爱的独立，最终走向生命升华的一个历程。我将之称为"爱的爬爬梯"。

一个周期，女孩子大概是七年的时间。按照《黄帝内经》，女孩子每隔七年就会产生一个大的变化。比如女孩子到 14 岁的时候，她的生理就开始走向成熟。而男孩子则要慢一点，大概每八年为一个周期。所以一般同龄的孩子当中，男孩子都要比女孩子更加晚熟。女孩子 14 岁达到的成熟水平，男孩子要在 16 岁才能达到。

那么，我们在孩子"爱的爬爬梯"的不同阶段，要怎样为孩子建立这样的情感支援网呢？

首先是幼年期，也即是 0~7 岁，我称之为"爱的植入期"。为什么会有一个 0 岁？这指的是孩子在妈妈肚子里的阶段，也有将近一年的时间。这阶段妈妈的状态已经开始深度影响胎儿。如果一个怀孕的妈妈生活作息不规律、经常发脾气，那我们可以想象，孩子出生以后也很容易跟他母亲的状态一样。因为他在妈妈的肚子里时，就已经养成了这种生活习惯。

所以胎教音乐的作用，其实是通过妈妈作用在胎儿身上的。当孕妇听到音乐安静下来，她的呼吸节奏会放慢，她的情绪会变得稳定，胎儿也会受到妈妈的影响，变得安定下来。我们以为宝宝听到音乐就安静了，但事实上调节的关键在于母亲。所以对于孩子的先天影响，母亲占了七成的作用，尤其是在 0~3 岁。母亲带给孩子最重要的礼物，就是安全感。孩子最初的、最重要的安全感来源，就是来自母亲。

三岁以后，孩子开始会爬、会走、会跳，想探索这个世界，这个时候，父亲的作用就开始变得越来越重要了。父亲是带孩子走向世界的人，能带给孩子更多的价值感。对孩子后天的影响，70% 在于父亲。从三岁开始，父亲对孩子的影响变得越来越重要。可以说，母亲更多影响着孩子未来的情感关系；而父亲则更多影响孩子未来的事业发展。因此才会有这样的说法：母亲的好脾气和父亲的大格局，是给孩子最好的营养。

价值感和安全感最大的不同，是满足我们对不确定性的需求——这也是我们一个很重要的需求。想象一下,如果人生中所有的事情都已经确定了,难道你不会觉得活着很没意思吗?正是因为我们不知道明天还会发生什么事情,不知道人生中还会经历多少有趣的事情,我们才会想要去探索,想要去挑战,然后在探索、挑战的过程中获得一次又一次的成就感。我们把探索到的东西分享给他人的过程,就是所谓的事业。

所以我们的情感、安全感跟妈妈关系最大,而我们的事业、挑战、奋斗以及未来的路跟爸爸关系最大。妈妈代表着我们美好的过去,而爸爸代表着我们辉煌的未来。妈妈和爸爸这两个人,就是一个人生命中最早的启蒙者,也是"人"这颗种子最早的花盆。

如果父母在0~7岁给到孩子的爱足够多,那么孩子的家庭内情感支援网就比较强大,也能建立较好的自信心。所谓自信,就是一个人内在的自我认同和爱的富足感。反之,得到爱较少的孩子,内心就容易变得自卑。自信,是一个人的人格基石。

当孩子长到了7~14岁,就来到了童年期,我称之为"爱的萌芽期"。这个阶段孩子不再满足于父母营建的小世界,他们开始需要了解更广阔的世界,接触更多外部世界的人。于是他开始关注周围的人群,比如:老师怎么看他?小伙伴怎么看他?他还会关注特别的一类人,那就是偶像。他们开始追星,模仿他们的行为甚至价值观。所以在这个阶段,为孩子营造一个好的周边环境尤为重要。

另外,在这个阶段,孩子开始明白什么叫作"责任"。这项重要的人格特质,主要就是在这个阶段发展起来的。什么是负责任?一言以蔽之就是自己的事情自己做。比如说一家人出去玩,爸爸背个大包,妈妈背一个中包,孩子背一个小包。很多孩子出门都想带一大堆玩具,那做父母的就要告诉孩子,想要带多少玩具自己装,自己的背包自己拿,能拿多少拿多少,爸爸妈妈不会帮你拿,这就是负责任。

在这个阶段,孩子并不满足于父母的陪伴。孩子的关注点转向更广阔的天地。为了让孩子建立家庭外情感支援网,要让孩子学会独立,自己洗澡、刷牙、穿衣服,要跟父母分床睡,甚至家里的碗筷可以让他自己去洗。一个孩子成熟的标志是什么?就是假如父母要出去度个假,比如两个月都不回来,十几岁的孩子在家里完全能照顾好自己,等到父母两个月以后回到家,发现家里跟以前没有什么两样,甚至比以前还要干净,那以后父母就再也不用操心了,因为这个孩子已经是一个非常负责任的孩子了。

  家长可以通过以下这几个角色的支持,来为孩子提供良好的环境:

  首先是老师。家长需要教会孩子尊重老师,把一定的惩戒权交给老师。所谓教不严师之惰,家长打骂孩子容易伤感情,让老师去唱黑脸,更能规范孩子的行为。古人"易子而教",也是这个道理。

  其次是伙伴。孩子需要找到有志趣相投的朋友,能够经常玩在一起。而家长也应该为孩子们多创造一起游戏、学习、互动的环境。积极向上的友情,对于孩子是非常重要的情感支持。

  再次是偶像。孩子在这个阶段开始追星,偶像对孩子的示范作用是极强的。可以让孩子多接触名人和伟人的故事、电影等,带孩子去参观名人故居、博物馆等,让孩子找到一个现实中可以学习的对象,甚至可以把他偶像的名字作为孩子的外号,以此激励孩子。

  最后是长辈。除了祖父母、外祖父母,西方还有教父,而中国有干爹干妈。孩子在七岁也会进入一个叛逆期,这时孩子会试图获得更多自主权,因此跟父母也容易产生冲突。如果有一两位孩子信得过的长辈,能够成为孩子的监护人之一,经常陪伴孩子,对孩子的成长是非常有利的。让孩子把许多不敢对父母说的话,讲给这些长辈听,这对孩子来说也是非常重要的支持力量。

  接下来是少年期,14~21岁,我称之为"爱的实践期"。如果管幼年期叫印记期,就是父母把世界的印象植入到孩子心里;那么童年期就是模仿期,就是孩子开始模仿他身边的人,老师、伙伴、偶像等;而少年期的孩子则是叛逆期,因为他要走向独立,要长大成人。他要走向独立,就必然要摆脱一直保护、"掌控"他的家庭,所以家里掌控得越厉害,孩子就抗争得越厉害。

那么有没有不反抗的孩子?也有,但是后果会更严重,因为如果父母什么事情都替孩子做决定,什么事情都管着孩子,孩子还完全不反抗,那他很可能已经陷入一种抑郁状态——我的生命不重要,我是无所谓的,我什么事情都是你们决定的,我的未来我说了不算——由于妈妈的过渡掌控造就的"妈宝男"就是最好的例子。很多人的叛逆期是滞后的,到了三四十岁突然开始叛逆,而这时候的叛逆代价就会非常大。

孩子在青春期还有一项重要的特质,就是他开始走向性成熟,所以情绪会变得不稳定。比如男孩子会开始有对抗性,甚至有暴力倾向。所以对青春期的男孩子,爸爸可以多陪着做一些对抗性练习,比如打球、练武功、摔跤、爬山等,这样孩子的荷尔蒙和情绪可以自然而然地释放掉。而妈妈应该试着离远一点,因为只有妈妈离远一点,儿子才能长成为独立的男人;如果妈妈跟儿子连得太紧,儿子未来的情感可能就会不正常,没有办法正常地跟另外一个女人相处。

在人际关系上,0~7岁的孩子关注父母,7~14岁的孩子关注老师、伙伴、偶像,而14~21岁的时候最关注的则是异性。最能引起他情绪起伏的,就是他最中意的那个异性。这时候父母千万不要尝试去禁止"早恋",不让他接触异性。如果你打压孩子正常的需要,未来他可能会报复性地索取,比如会产生性瘾症等。父母要容许孩子跟异性交往,跟一群同龄人一起活动,这都有助于他们正常的心理和生理发展。但同时也要提醒孩子,一定要注意性的安全,不要让自己的身体受到伤害。

在这个阶段,孩子最重要的人格特质是付出。其实恋爱锻炼的就是"付出"——恋爱就意味着,我们不仅要"搞定"自己,还要"搞定"别人。

很多人刚开始恋爱时是不懂得怎么爱自己的，更不懂得怎么爱别人——甚至是很计较的，每天都在算计我爱你多一点还是你爱我多一点。这就是为什么大多数的青春期情感到最后往往会变成悲剧，因为青春期的孩子还不懂得付出，他们太习惯于向父母索取。而这时候的他们往往又讨厌和父母在一起，所以就想找一个人代替父母爱自己，这往往也是初恋的本质。

当孩子失恋、受伤了，父母应该怎么做？父母不要尝试去讲道理，或者批评孩子哪里做得不对，而是应该允许他在你的肩膀上、在你的怀里哭泣，甚至陪着他一起哭。哭完了，再和他一起学习、探讨，为什么这段情感会这么让人受伤。

由此可见，在青春期之前，父母要跟孩子建立深深的爱的联结。而青春期到来后，父母却要跟孩子逐渐分离。爱的联结与爱的分离，就像硬币的两面，缺一不可。

这是一个令人悲伤但也充满温情的事实。因为只有父母的爱是单向流动的，只能从上一辈流动到下一辈。子女可以尽自己所能回报父母，但无法也不必让爱的圆球逆转。

少年期过后就是成年期，我称之为"爱的成熟期"。在这个时期，我们的人格关键词是"贡献"，即不仅要爱好自己，而且要由己及人，将我们的爱传递给别人、社会。

成年期之后就是老年期，我称之为"爱的升华期"，我们将变得更加淡定、从容。基本上到了这个时期我们的社会角色也发生了很大的变化，实现了从"孩子"变为"父母"的转变，开始养育自己的子女，并眼看着他们一天天地长大、成熟、成年直至有了自己的子女。当自己的子女成年、儿孙满堂，基本上我们又可以将生活的重心回归到自身，回归到自己的精神需求——我们艰难而伟大的为人父母之路，就这样慢慢地走向结束。人格健康、事业有成的子女，也将变成我们一生中最伟大的成就之一。

　　养儿育女，是为人父母要学习的一门重要课题。这个过程让父母学会如何照顾别人、学会付出、学会包容，令自己变得更有耐心、坚强、独立，过程中的甜酸苦辣可谓百般滋味。但看着孩子渐渐成长为独立、有见识、品德优秀的成年人，那种喜悦和满足也是无与伦比的。

　　我们要讨论和学习的，就是如何让这个过程更加有觉知、有方法、不遗憾。

第二章
CHAPTER 2

爱的觉醒：

看见自己，才能读懂孩子

1 亲子关系的改善，真的就在"一念之间"

很多人都听说过这句话：孩子是父母最好的镜子。

对这句话该如何理解呢？我的理解是，孩子可以让作为家长的我们更好地觉知自己，看见自己未被满足的心理需求——这是我们一切行动的深层逻辑。

比如大部分家长都望子成龙、望女成凤，这是人类的本能，并没有什么错。但如果对子女"成龙""成凤"特别执着，就有问题了。很可能是自己年轻时"成龙""成凤"的愿望没有得到满足，所以嫁接到了孩子头上。

有觉知的父母就会想：那么，我自己这份对"成龙""成凤"的执念是从哪里来的呢？很可能要追溯到自己的童年——因为自己的父母就是这样对待自己的。自己从小就被父母灌输了"一定要成功"的理念，所以内心对"成功"充满渴望。这份被压抑的渴望在长大后内化到自己的性格之中，就变成了对子女的苛求。

这种内化的自我所形成的未了事件，就是我们常常听到的"内在小孩"。"内在小孩"如果得不到"关照"，我们就会处于"无明"或者说"无觉知"的状态。无觉知的父母，就会把自己悬而未决的需求、尚未满足的期待以及无法实现的梦想，都强塞给孩子，将孩子囚禁在自己从父母那里接收到的"情绪遗产"之中，让他们与这些的"后遗症"纠缠在一起，变得虚弱而无力。

不能觉知自己的父母，在养育孩子的时候就容易陷入我们之前所讲的"本能教育"模式。用"正念"理论的术语，就叫作头脑的"自动导航"。

在"本能教育"模式下,我们的心经常迷失在各种不同形态的思考中,比如一直在思考未来还没有发生的事——从而让自己活在焦虑之中;或者想着之前没有完成的事——从而让自己活在后悔之中。我们不再只是思考,而是迷失在杂乱的思绪当中,导致我们花了太多的精力陷在焦虑、后悔等负面情绪的浪潮中。也就是说,如果超越了一个临界点,那么,我们就不再活在现实世界,而是活在我们的脑袋里。

反映在与孩子互动的过程中,就是父母总是立即对孩子的行为给出判断,并试图纠正"不好"的行为,而忽视了孩子的心理动机(比如他故意捣乱可能只是在向父母寻求关注)。当我们做出这些自动反应的时候,往往来不及思考自己为什么这么做,更意识不到它们会对孩子的心理造成什么影响。

很多父母也都明白这个道理,却始终无法心平气和地面对、处理。认知与行为之间的落差,太容易受固有经验和情绪的影响。

那么,该怎么办呢?

我给出的答案是:当下的自我觉察。

"当下"说的是要及时。如果已经对孩子造成了伤害,之后再去后悔和改正,即使付出多倍的努力,也难以达到之前的效果。

有位母亲曾经在我的"爱的唤醒课"上分享,说自己每次让儿子停止玩手机,儿子总是找各种借口拖延。最后总是以她的情绪大爆发结束:"到底要说几次?你是听不懂人话吗?怎么这么大了,还一点事都不懂!"

儿子这才委屈地将手机收起来,嘴里还抱怨着:"不玩就不玩……"

她的火气越来越大:"你这是什么态度?我是你妈,连说你两句都不行了?!"

儿子:"我这不是都不玩了嘛!还吼我干吗?"

类似这样的"家庭剧",经常在她家中上演,让她甚感疲惫。她自己有时候也会后悔:"对孩子大吼大叫,确实没能解决问题。我只觉得自己像个疯婆子,但我就是控制不住呀!"

"控制不住"真的是我们做父母的常用的借口。但事实的真相是什么?

我引导她:"你回想一下自己当时的感受,能描述出来吗?"

"生气、烦闷、焦躁、无力、委屈……"

"哪一种情绪感受最为强烈?"

"嗯……是无力吧!"她想了想,接着说。

"是什么让你感到无力呢?"

"孩子怎么说都说不听!"

"还有呢?"

她边思索,边说出各种引发情绪反应的可能来源:"失望,对自己失望,觉得自己可能不是个好妈妈。""我很担心孩子会沉迷于网络。""我对孩子的事情越来越无能为力了。""我还有好多事要忙,我觉得好累。""为什么我老公都不帮忙,就我一个人孤军奋战?"

说到这里,她停住了,泪水流了下来。

原来,问题的根源在这里。于是我问她:"你对孩子的力不从心,是不是因为一直没有感受到另一半的支持?所以,当对孩子勃然大怒时,你真正生气的,其实是老公的态度。"

她点点头:"没错!我老公总是在一旁不闻不问,最让我火大!"

孩子不遵守手机使用时间的规范,引起母亲的怒火中烧,但令她长期烦闷的其实是另一半冷漠的态度。但她缺乏对自我的觉知,却把这份无力感化作愤怒,爆发在孩子身上。孩子的问题非但没处理好,更破坏了亲子关系,心中对另一半的怨念则越积越深。

那么我们做父母的，如何才能做到当下的自我察觉呢？我觉得首先要学会诚实地面对自己的一切情绪。比如上面这位母亲，因为不愿意承认自己的无力和无助，才会用歇斯底里的方式去对孩子吼叫，希望孩子能屈服在自己的威严之下。结果一定是南辕北辙。

逃避现实，其实是逃避痛苦。人遇到痛苦首先会选择逃避，这是本能。逃避之后确实暂时变得比较不痛苦了，然而，痛苦解决了吗？并没有。"失控"也是一种逃避——重点是，你觉察到你想逃避什么了吗？逃避本身并没有对与错，逃避了困难，困难会在刹那间不见，可是，我们可能再也学不会处理困难的能力了。

所以第一步，是要告诉自己：我决定要面对自己，我决定要面对内心所有真实的感觉，不再逃避。

事实上，所有的情绪都是有功能的，情绪的存在就是要提醒我们一些事情，就看我们是否觉察到了。

我接着问那位母亲："那么，你好好看看自己，你对老公的怨念，要提醒你的是什么呢？"

"我得找我老公好好谈谈！"她笑着说。现场响起了一阵会心的笑声，似乎很多人身有同感。

日常生活中能引发我们情绪反应的情境非常多，这些情绪反应的背后，其实藏着更深的不满或痛苦：比如在关系中感到不平衡、未能得到尊重、主导权被侵犯、感受不到爱、缺乏归属感、期待落空、失去信心、对身心失去掌控，等等。

总之，举凡想要的得不到、痛苦的甩不掉、得到的怕失去，等等，这些状态，都会引发我们的情绪困扰，与当下发生的情境不一定有直接关联。如果我们学不会觉察，很容易就把力气放在错误的地方——怪罪孩子。

拿孩子当替罪羊很简单，这样我们就不需要费心去面对自己的问题了，但问题依然没解决，而且会制造出其他麻烦，让我们继续活在痛苦之中。

如果带着一份自我觉察的意识来处理亲子关系，那么关系的改变真的就可能发生在"一念之间"。

当自己对孩子发脾气的时候，我们可以通过问自己以下五个问题，来观察自己，看看这份脾气的背后到底是什么：

- 发生了什么事？（对引发情绪的情境做客观的事实描述）
- 这件事引发了我哪些情绪感受？（用情绪形容词说出自己的情绪感受）
- 最强烈的情绪感受是哪一个？（辨识出强度最大的情绪感受）
- 最强的这份情绪感受是怎么来的？（找出引发情绪感受的可能原因）
- 这份情绪感受要提醒我什么？（把力气用在真正关键的地方）

如此自我对话的过程，就是在进行"内观"——反观自身，思考自己情绪的来源。若继续往内探究，还会发现每一份情绪都与原生家庭的生活经验密切相关。进而，我们就可以理解情绪的意义与功能，确认是否把力气用在了对的地方。

关键是，我们要不加批判地允许情绪发生。觉察与反思，是为了改变那些惯性的行为模式，当下一次面对类似情境时，用更有效的方式应对。但在这之前，还有一项重要的功夫，便是"允许"——允许自己可以情绪失控，允许自己可以无能为力，或者说，允许自己就是搞砸了。

允许并不表示我们认同这么做是对的，而是说，既然情绪反应已经无可避免地发生了，自责也没有用，那么就坦承它的存在，不加批评。同时，我们也清楚地知道，自己正在一次又一次的情绪经验中，透过觉察与反思，增加情绪调控的能力，避免在面对孩子的时候再次陷入无助和抓狂。

因此，我们对孩子的每一次情绪失控，都是学习与成长的机会。因为，发生在自己身上的情绪感受——特别是那些反复出现的，总是在提醒我们一些事情。当我们看见了、听懂了，我们也就成长了——这就是"一念之间"的力量。

2

疗愈童年未解心结，与孩子共同成长

关于"如何当父母"这件事，很多父母都是在某个矛盾爆发之后才开始讨论的。比如应不应该容忍孩子挑食，孩子故意捣乱要不要体罚，等等。如果双方意见不一致，冲突就不可避免。到底谁的养育方法是正确的呢？

其实，每一位父母都有一套自认为正确的育儿方法。它来自个人的成长经历、背景和环境等，而且大部分都是"不自觉"的，但无形中会对孩子产生重大的影响。简单来说，我们的原生家庭是怎样养育我们的，我们也很容易这样去对待孩子。

"原生家庭"已经不是一个新词了，简单来说就是一个人从小长大的生活环境。它的质量如何，直接影响到我们的人格形成与心理状态。每一代人的成长都会受到上一代人的影响，同时又影响着我们的后代。但是由于世界在不断变化，每个孩子也是独一无二的，我们如何能避免依赖已有的经验，并超越过去的局限呢？

这就要求我们在试图解决孩子的问题时，首先思考自己的童年经历，这能够帮助我们理解生活，并且帮助我们与孩子建立一种良好的关系。

在一次团体课上，有一位叫小环的母亲，分享了她的亲子难题：与儿子关系不好。她对事情的描述是这样的："孩子（八岁）从小就有磨蹭、拖沓的问题，写作业不认真、不专注；在幼儿园不认真吃饭……这些都让我很生气。我自己从小脾气火爆，一发火就控制不住。有时候发过火，又开始生自己的气，开始讨厌自己，所以弄得自己很焦虑。"

我让一位学员站在她面前，代表她的儿子，然后让她面对"儿子"，

爱的觉醒：看见自己，才能读懂孩子

观察自己。我让这位"儿子"像小环所描述的那样，不停地动来动去，让小环像之前一样去对待"儿子"。

小环开始骂"儿子"："你还玩！不写作业啦！你今天都有啥作业？跟你说话了，听见了没！"

她对自身感受的描述是"生气""愤怒"。

我让她"看着"情绪的发生，不要干扰，然后回溯这股情绪的源头。她一下子回忆起自己小时候的某个事件：

"我小时候家里开了个小卖部。有一次放假了，我坐在里面看电视。那会儿外边顾客很多，我爸就站在门口，大声说：'看啥看啊，没长眼睛啊！'我被吓了一跳，赶紧过去把电视关了，就站在那个柜台旁边，看都不敢看他一眼，浑身发抖。像这样的事情还有很多，但不知道为什么这次印象特别深刻。我爸现在年纪大了，脾气也变好了。但我感觉这种伤痛一直就埋在自己心里。"

"那你可以尝试想象一下，把当年你作为一个孩子无法表达出来的情绪、无力说出来的话，对你的父亲讲出来吗？"

小环哭着说："爸，我需要你们认可我，我需要爱，我也知道你们爱我。我想回家，守在你们身边。"

"请表达你的需要和期待。"

"爸，我需要你理解，我需要你相信。"

"有什么想对妈妈讲的吗？"

"妈妈，我不想做一个可怜的小孩。"

"请你尝试在想象中拥抱你的父母，想象你需要的所有的爱现在都进入了你的身体，想象着这道光包裹着你，照进了你的心里。去感受这份爱的流动。这么多年来，你心里一直缺失的这份爱，让它进入你的内心，感受你身体的变化。保持深呼吸，别忘了呼吸，呼吸会让生命流动起来。然后请你慢慢向父母深深地鞠躬，感恩父母给你的这份爱的满足。然后请你带着这份爱意去看看你的孩子,有没有发现他跟你是何其相似啊,当年我们所受的遭遇,今天我们同样把它施加在了孩子身上。当你刚才表达出自己的需要的时候,其实也表达出了孩子的需要。"

当小环带着这份觉知再去看自己的"儿子"的时候,眼神已经发生了变化。

在之后的分享中,小环表示她"看见"了儿子的无助与可怜。她理解了儿子之所以一直抗拒自己,不是因为调皮或者叛逆,而是在抗拒自己没能给他足够的爱。"爱满自溢",只有自己满了,才能给到别人。小环自己得到的爱不足,才会强制性地要求儿子完全服从自己,这样就躲避了自己对自己的道德指控:我不是一个好妈妈。

但事实是,一个八岁的孩子之所以叛逆,主要在于父母给出的爱不足。当孩子感受到父母的爱,不需要去强制要求什么,他自然就会愿意跟随父母。

而太多像小环一样的父母,在尝试努力调整孩子的"行为",跟孩子讲道理,当孩子不讲道理的时候就生气。但其实孩子的行为是不会因为你讲道理而改变的,因为我们没有满足他们的需求。孩子需要的是什么?是理解、陪伴。孩子是灵动的,一眼就能看透父母的"套路"。所以当父母试图用固定的套路去对付孩子时,结果一定是完败。

当孩子无法抵抗父母的强制性规范时,就会选择用拖延、沉默甚至是麻木、僵化等降低自身生命力的方式去抗争。

这就需要我们做父母的,要跟着孩子一起成长,避免"套路出牌"。孩子不是父母的产物,不是来帮我们"圆梦"的。从小到大,我们可以想出无数的手段来对付他们,但孩子就是孩子,很单纯地存在着,想笑就笑、想哭就哭。他们真正宝贵的存在价值,就是引导父母看见自己、拒绝懒惰、学习成长。

所以，我们做父母的要在生活中不断把过去的经历和现在正在发生的事情联系起来。当下的经历——包括我们的情感和认知，同时还要明白以前的事情是如何影响现在的。只有把自己从过去的枷锁中解救出来，我们才能和孩子建立起他们成长所必需的自然、稳定的亲子关系。对自身的情感经历认识得越透彻，你就越能顺畅地与孩子沟通，增强他们认识自我的能力，确保他们的身心健康。与此相反的是，拒绝反思只会导致历史重演，在这种情况下，父母很容易将自己过去不健康的行为或心理模式传给孩子。

当我们勇敢地踏出这一步，可能情感上的痛苦回忆会让我们变得异常脆弱和敏感，但当你试着用新的方式讲述你的生活，就能让我们不再重复父母的生活模式，也不会重复我们过去的生活模式，从而帮助孩子建立更良好的关系。这种关系有助于提升孩子的幸福感，帮助孩子建立内在的安全感，提高孩子的适应能力以及与他人相处的能力，而这能使孩子在将来与他人建立深厚的、相互关怀的社会关系。

许多父母都想让孩子变得更聪明、更健康、更勤奋……向外求了一圈，才发现真正要改变的人是自己。从孩子身上映射出的课题，是大人成长的机会。觉醒后的父母，将带着疗愈的力量，陪伴孩子一路成长下去。

育儿小贴士：四个步骤，让"熊孩子"不再胡闹。

1."停"：让孩子停止胡闹的行为。

首先，把孩子现在胡闹的行为"停"下来，让彼此有冷静缓冲的时间。例如：当孩子一边吃饭一边玩时，家长如果一直吼叫，情绪累积下来，可能就会动手打孩子。更好的做法是直接停下来看着孩子，严肃地告诉他吃饭的时候就要专心吃。切忌边做自己的事边唠叨，那样孩子容易把你说的话当耳旁风。

2."看"：让孩子看到父母生气、严肃的表情。

很多家长犯的通病是一边做其他事一边管孩子，这会让孩子觉得自己胡闹一点也没什么。但当你严阵以待，一直盯着孩子，并明显地表现出你的情绪，通常孩子就会意识到你开始认真了。

3. "听"：聆听孩子心里的声音。

当你已表达情绪时，别忘了也要让孩子学会表达自己，请孩子先谈谈他内心的感受。因为有时候孩子并不知道自己犯了什么错。他很可能不是故意的，只是没有意识到。如果急于惩罚，孩子就会不知道错在哪里，下次也很容易再犯。

4. "想"：哪些对孩子的处罚方式是有效的。

父母要自己想一想，什么样的处罚方式对孩子是有效的。尽量采用温和而坚持的方式，来建立生活的次序和规则。

如果用体罚的方式来教育孩子，一定要注意恩威并重。比如：孩子犯错的时候，可以严厉地制止；如果情节严重，可以让孩子面壁思过等，而这个过程要允许孩子自然流露情绪。不能既让孩子感到疼痛，又不允许孩子哭泣释放，否则疼痛和恐惧会积压在孩子的身体里，可能造成一些心理创伤。父母可以对孩子说："你觉得难受，可以哭。不过你要记住爸爸妈妈为什么惩罚你。下次要……做。" 父母处罚的重点不应该放在"罚"上，而是要让孩子记得自己做错了什么，以及该如何改进。等惩罚结束，父母可以抱抱孩子，让孩子剩余的情绪能量流动起来。

3

看见"控制欲"的心理动力,让孩子自由成长

"听话""乖""懂事"是一种非常中国式的赞美。当中国父母听到别人称赞自己的孩子"乖""听话""懂事",往往就会非常开心。

为什么我们听到这种赞美会开心呢?可能,我们本能地认为"乖""听话""懂事"就是有教养的表现。它的潜台词就是:我的孩子有教养,所以我培养出了优秀的孩子,所以我是一个合格甚至是优秀的父母。

但是,这个逻辑的起点就是错的。

"乖""听话""懂事"可以用一个词来总结,就是"顺从",即孩子顺从父母的意愿,不愿或不敢违背父母的要求。孩子在牺牲自己的需求,来满足父母的需求。

在这样的心理环境下长大的孩子,将来会怎么样呢?

总是顺从父母的要求,会变得没有主见。就算有自己的想法,但在面临自己做决定时,也常放弃自己的立场,听从父母的安排。孩子同时也会成长为一个能敏锐察觉他人感受、懂得主动照顾他人需求,却总是忽略自己感受和需要的人。

孩子会发展出这样一种心理逻辑:要想得到别人的爱,就必须去讨好别人,放弃自己的利益。

这个逻辑会延伸到他的一切人际关系中去。为了与他人持续保有情感联结,他会不自觉地透过照顾他人的需要,来取悦与讨好他人,以获得好评,或者拥有归属感;他会不自觉地把他人的需求放在自己的需求前面,当两者产生冲突时,总是选择牺牲自己来优先照顾他人;当进入爱情或婚姻关系中时，也容易成为讨好另一半或过度承担他人责任的伴侣，为亲密关系埋下了不安定的种子……

而这一切，都来源于"我必须讨好才能获得爱"的心理逻辑。但是，任何人都无法通过一味讨好来获得本身就缺乏的爱与认同感。我们经常能看到一些小时候非常"懂事""听话"的孩子，长大之后不知道怎么竟变了样子。他们并不叛逆，也不和父母起冲突，仍乖乖地接受父母的安排。但是，亲子双方都可以隐隐约约地感觉到，相互之间存在着对抗、角力与拉扯。这种隐性的对抗并不明显，但父母与孩子的内心都不好受。

我把这种隐性的对抗，称为"妥协性报复"，即孩子表面上一切都按照父母说的去做，实际上却让自己得到一个不好的结果，以此向父母证明：你们的选择是错的。

每个人最终都会试图走向独立。孩子一方面虽用顺从与不违背父母的方式来表达对父母的爱，另一方面却想做真正的自己。而当孩子逐渐长大，有了与父母不同的主张却得不到父母的支持时，只能下意识地牺牲自我主张，以压抑内心深处可能背叛父母的罪恶感。

当孩子内心强烈渴求独立自主，又必须继续照顾父母的需求时，为了平衡两者，会发展出许多令人费解的"症状"。

有的父母也意识到了过度控制会干扰到孩子的健康成长，但总是忍不住。曾有一位母亲向我请教："航武老师，我知道这样不好，但就是控制不住自己，老怕孩子在外面遭遇意外。就像孩子有时候会到同学家去玩，说好了七点半回家，但我从六点就开始焦虑了，控制不住地一遍遍打电话跟孩子确认。而且，脑子里会出现很具体的画面，像是孩子被车撞了之类的。你说我该怎么办呢？"

这位母亲就是一位典型的"控制型家长"。

控制型家长跟孩子互动的方式充满了命令、规定，仿佛不这么做世界就会失控。这是为什么呢？

爱的觉醒：看见自己，才能读懂孩子

因为"控制型家长"自身太缺乏安全感。因为没有合理地满足自己的安全感，才会将这种对安全感的需求转嫁到孩子身上，给孩子下命令，甚至代替孩子做决定。

我们的大脑是很狡猾的。当我们在控制孩子的时候，我们不会告诉自己"我是在控制孩子"；而是会对自己说"我这是在保护孩子"。尽管理智上明白不该过度干涉孩子未来的发展，但只要想着这是"为了孩子好"，心里好像就能交代得过去。

当孩子试图反驳的时候，我们还会给自己找理由："可怜天下父母心，哪有父母不担心自己孩子的？"

而事实上，这一切都是我们给自己创造的幻象。没有谁一直在控制性的环境里长大，还能健康地活出自己的人生。"可怜天下父母心"是一种情绪勒索，让孩子的内心充斥着负罪感，不得不放弃自己的选择。

我让那位控制型的母亲回溯一下自己焦虑不安的状态。

"请你想象一下，现在已经是七点了，距离约定孩子回家的时间还有半小时。你是什么感受？"

"我很担心他玩过头了，忘了回家的时间。"

"所以你就想打电话确认一下，对吗？"

"是的。"

"你想象一下儿子跟同学玩耍的场景，他是一种什么状态？"

"他玩得很开心、很放松。"

"你看到这个场景，是什么感受？"

"还是担心他玩过头了，忘记回家。"

"你看着自己这份担心和焦虑的情绪，慢慢地感受一下。告诉我你看见了什么。"

"我看见小时候我爸妈把我关在家里写作业。我最好的朋友来找我玩,也被他们打发走了。后来她再也不来找我了。"

"你是什么感觉?"

"感觉很委屈。"

"你再看看儿子在外面玩的场景,你是什么感觉?"

"我有点嫉妒儿子。我觉得很委屈。"

"因为儿子能在外面开心地玩,但你不可以,是吗?"

"嗯。"

"那你想象一下,儿子正在开心地玩着游戏,你的电话铃声一遍遍响起。他是什么感觉?"

"感觉很不好。被人打扰了,很扫兴。"

"你想对他说什么?"

"儿子对不起……"

这位母亲将自己幼年时期的匮乏感与未被满足的需求,无意识地投射到对孩子的期待上,通过控制孩子来满足自己的需要,并在无意间复制了自己父母的模式。这些问题该由她自己去处理,而非投射到孩子身上,让孩子承担。

其实,这位母亲在苛求孩子"看见"自己,甚至"照顾"自己未被满足的安全感。但孩子会得到什么样的感受呢?一遍遍的电话铃声,就是一遍遍的心理暗示:外面的世界很危险。孩子的安全感就会下降,长大后就会对这个世界充满恐惧。

如果孩子在成长的路上,一直担心自己会受到世界的伤害,就会全力"自保",而无法大胆地接受挑战、追求成就。

美国心理学博士丹·纽哈斯(Dan Neuharth, PhD.)在《如果我的父母是控制狂》一书中揭露了"父母控制=情绪勒索"的真相:

爱的觉醒：看见自己，才能读懂孩子

父母对孩子的爱，若是带有过多的焦虑、恐惧或担心，这往往来自成长过程中的创伤经验，或者未被满足的需求，以及一些未能完成的缺憾……控制狂父母往往不知道自己为什么会有控制的行为。如果他们探究那些行为背后的原因，他们就得面对痛苦的童年，他们就会发现自己依赖别人赋予价值感，他们就会看见自己汲汲营营的渴望，他们就必须面对自己和别人一样受到摆布的事实。

控制狂父母在小时候很少体会到"面对自己的感受"和"承认自己的极限"具有疗愈的作用。因为他们试图控制一切，所以他们往往会认为别人也意图控制一切，包括他们的孩子在内。由于多数控制狂都想确定自己绝对不会受到支配，所以他们就先发制人。

简言之，父母控制子女是一种自我防卫的行为。背后的原因有很多，包括他们是怎么长大的、他们不知道有什么更好的办法、外在的事件、内在的需求、受创的痕迹，等等，都可能导致控制狂父母终其一生上演自我防卫的戏码，除非他们寻求帮助。即使长大之后不必再受到童年的创伤，多数控制狂父母也不敢承认自己曾经觉得多么无力。他们甚至可能否认自己曾经受创。他们害怕一旦回顾过去，就要把受创当时的感受再经历一次。他们害怕那些感受还是一样活生生、血淋淋。

这种行为有其道理——自我意识在幼时破损的受创儿童，有一套扭曲的思考逻辑。控制狂父母早年是受到伤害的孩子，他们的人生被他们所造成的情况给扭曲了。

所以说，过度控制是对创伤的防卫反应，控制孩子是父母对自己的一种心理补偿。当我们敢于承认这一点的时候，就会放过孩子，同时也放过自己，打破代代控制的循环。

我们需要相信，孩子自出生起，便已具备让自己过得成功快乐的能力。父母的任务只是催化孩子将这些能力充分地展现出来，而非左右孩子如何使用这些能力。支持孩子走自己的路才是真正的"为孩子好",不要为孩子担心、烦恼,让孩子回到孩子的角色,放手追求、创造属于自己的人生。

4

摆脱对"完美小孩"的追求,让孩子轻松前行

小舟参加了两次高考但却遗憾落榜,目前在一所民办大学就读。

其实在小学的时候,小舟的成绩是非常好的,经常可以考年级前三名,而且学习对他而言,并非一件有压力的事情。然而上中学之后,小舟对学习再也没有了兴趣,成绩每况愈下。到高中时,小舟的成绩甚至变成了倒数前三名——不是小舟的智商不在线了,而是他开始抗拒学习。

为什么呢?因为小舟发现,自己学习再怎么努力,都不会获得父亲的认可。小舟记得,有一次自己考了全年级第二名,兴冲冲地跑去告诉父亲。

结果,父亲只是冷冷问了一句:"第一名是谁?"

小舟:"××同学。"

父亲:"男同学,还是女同学?"

小舟:"女同学。"

父亲最后来了一句:"你怎么连个女孩子都不如!"

这样的对话,让小舟彻底放弃了对"高分"和好成绩的追求。小舟发现,无论他怎么努力,都无法让他的父亲满意。

中国有两种典型的父母,一种是我们之前谈过的"控制型父母",另一种则是"苛求型父母"。

被苛求型父母带大的孩子,会时刻处于紧张与焦虑之中,而且非常容易陷入自责。成绩不理想,他们会无比失落,觉得自己笨;有了点小失误,他们会觉得自己一无是处;伤害了他人,他们会意志消沉,甚至自我诅咒。

久而久之，为了避免自责，孩子会将不犯错误视为第一要事，从而拒绝接触新的东西，拒绝进入更广阔的生活领域。这样的孩子，也很容易出现抑郁、焦躁等诸多不良心理问题。

有的父母会将这种性格理解为"要强"，甚至还会沾沾自喜，觉得自己的孩子有上进心。但这并非真正的"有上进心"，而是孩子为了向父母表示忠诚与爱，勉强自己变得完美，从而符合父母对完美小孩的需求。

当某一天孩子感觉到太累了，自己怎么做都无法让父母满意，就会一蹶不振，彻底放弃——就像小舟当年变得彻底厌学。

在近几年非常火的一档电视节目《最强大脑》中，有一个记忆力惊人的天才少年。在一次比赛（记忆51对新人的站位顺序）中，他因为意识到自己犯了一个小失误，即将输掉比赛，在比赛现场崩溃大哭，哭得眼镜都从鼻梁上掉了下来。一边哭嘴里还一边念叨："我记对了，可是我摆错了。"

由于对失误、失败无法接受，"天才儿童"可能比一般人更容易心理崩溃，也就是我们平常说的"输不起"。

问题是，成为"天才儿童"，真的就那么重要吗？美国有一个评选天才中学生的权威奖项，叫"西屋奖学金（Westinghouse Science Talent Search）"，专门奖励那些在科学方面有天赋的孩子。但根据数据统计，从1942年到1994年的50年间，在超过2 000个最终获奖的学生中，只有1%的人后来进入国家科学院，99%的人并没有什么异于常人的表现。

斯坦福大学心理学教授路易斯·特蒙曾用50年时间跟踪调查了1 000多名智商在140以上的优秀学生。这些学生的家长很多都采用了强化学习、专业训练、缩短学制等方法来培养孩子。但特蒙教授的调查结果显示，这些智力超群的孩子尽管多数过着幸福的家庭生活，但没有一个取得卓

越的成就。

既然"天才儿童"并不意味着卓越不凡的成就,为什么我们的父母还是如此执着呢?

与上述情况形成鲜明对比的,就是著名的"皮格马利翁效应"。

皮格马利翁是希腊神话中的塞浦路斯国王,擅长雕刻。可他不喜欢塞浦路斯的凡间女子,甚至决定永不结婚。但在他的心中,却有一个理想伴侣的画面,于是他用神奇的技艺雕刻了一座美丽的象牙少女像,并把全部的精力和爱恋都赋予了这座雕像。他像对待自己的妻子那样抚爱她,装扮她,为她起名加拉泰亚,并向神乞求让她成为自己的妻子。爱神被他打动,赐予了雕像生命,并让他们结为夫妻。

这个寓言后来被用在教育上,也称"期待效应""罗森塔尔效应",比喻教师对学生的期待不同,对他们施加的方法不同,学生受到的影响也不一样。

美国著名心理学家罗森塔尔和雅各布森进行了一项有趣的研究。他们先找到一个学校,然后从校方手中得到了一份全体学生的名单。在经过抽样后,他们向学校提供了一些学生名单,并告诉校方,他们通过一项测试发现,这些学生有很高的天赋,只不过尚未在学习中表现出来。其实,这只是随机抽取出来的几个人,但校方和老师们并不了解真相,从此便对这批学生另眼相看。有趣的事情发生了,在学年末的测试中,这些学生的学习成绩的确比其他学生高出很多。

研究者认为,这就是受到了教师期望值的影响。由于教师认为这个学生是天才,因而对他寄予更大的期望,在上课时给予他更多的关注,通过各种方式向他传达"你很优秀"的信息。学生感受到教师的关注,因而受到激励,学习时就加倍努力,最终取得了好成绩。这种现象说明教师的期待不同,对儿童施加影响的方法也不同,儿童受到的影响也不同。

我们很多父母都将孩子视为自己生命的延伸,试图让孩子实现自己那些未能完成的心愿。当父母的人生际遇不顺遂或对自身的低成就感到自卑，他们就会把对自己的期望转移至孩子身上，希望孩子代他们"出人头地"，以此来填补心中的缺憾。

因此，他们期望孩子有天赋、聪明，什么都比别人好。如果自己没有读过大学，就希望孩子能考上清华北大；如果自己没有当上运动员，就希望孩子成为奥运健将；自己连琴键都没摸过，却希望孩子成为郎朗、李云迪。

正如小舟的父亲，为什么连"第二名"都不能让他满意呢？

原来，在小舟父亲的内心里，一直有一种强烈的不甘。小舟生长在一个传统的大家庭。一家几代同堂，过年拍个全家福就是上百号人。小舟的父亲从小也是一个成绩特别优异的人，上学的时候总是考第一，不仅学习成绩好，体育也特别棒，直到现在还保持着当地中学体育十项全能的纪录。这么优秀的一个人，遇到特殊历史时期和家庭出身问题，不能参加高考、不能上大学，只能一辈子生活在老家。所以他内心一直有一种悲愤，就希望自己的孩子来完成他无法重复的人生，于是用非常严苛的标准来对待自己的子女。

只有"完美小孩"能满足父亲内心中那个空缺。但遗憾的是，"完美小孩"是不存在的。小舟再优秀，也无法改变父亲已经发生的人生。

著名教育家陶行知曾指出："我们对孩子有两种极端的心理，都对孩子有害：一是忽视；二是希望太切。忽视则任其像茅草一样自生自灭，期望太切不免揠苗助长，反而促其夭折。""完美孩子"解决不了父母自己内心的低价值感。

有时候，孩子会故意拖延或捣蛋，来破坏父母对自己的苛求。所以很多拖延症患者，都有一个或两个苛求型的父母。

电影《黑天鹅》是一个典型的关于"完美"与"苛求"的寓言故事。女主角的生命力一直被苛求型的母亲压抑，直到她决定变成一只"黑天

鹅",甚至从高台上跳下,以彻底打碎母亲心中那个完美的幻象。

电影的海报令人印象深刻——在女主角那张瓷娃娃一般精致的脸上,有一道深深的裂痕。裂痕代表的就是"不完美"。

那么,我们做父母的,该如何摆脱对"完美小孩"的追求呢?

最重要的,还是"看见"。看见什么呢?看见自己苛求孩子的心理动力。

曾经有一位"爱的唤醒课"学员,是一位狂热的"补习班"支持者,给女儿报了各种班:奥数、钢琴、英语……当然,她自己也没闲着,一有时间就带女儿去学陶艺、做手工等——这是一位朋友圈里的"完美妈妈"。但在课上分享的时候,她却说自己就要崩溃了。因为自己小时候没有女儿这样的条件,所以希望女儿认真对待每一次课程和活动。一旦女儿显现出抗拒或不耐烦的样子,她就开始焦虑。一开始,她还总是能装出慈母的样子对女儿"循循善诱",但女儿总是不吃她这一套,她就开始发脾气。因为自己的各种要求,母女之间的关系变得越来越紧张,女儿动不动就朝她发脾气。她说自己也想过尝试放弃,但总是下不了决心。

"人家都在上,我们怎么能不上呢?我不能耽误孩子的教育啊!"

"为什么你会觉得不上补习班,就是耽误了孩子的教育呢?"我问。

"老师你不知道,现在大家都上补习班。不上的话孩子跟不上学校课程的。"

"我承认有一些补习班是有用的,但真的需要给孩子安排这么多吗?现在假设你正面对着不愿意去上课的女儿,请你感受一下自己的情绪。"

"我觉得女儿根本不能理解我的良苦用心。"

"你的良苦用心是什么?"

"给她最好的条件,不让她落后于别人。"

"你好几次提到'落后'这个词,你感觉到了吗?"

"嗯。"

"你感受一下,是谁在害怕落后,你还是女儿?"

她停顿了一会儿,终于承认:"是我。"

"你害怕落后的是什么?"

"我害怕自己不是一个好妈妈。"

"没有人是完美的,做妈妈的也一样。"

她开始忍不住掉眼泪。

"现在是什么感觉?"我问她。

"我觉得很累。"

"你想变成完美妈妈,可你采取的手段却是想培养一个完美孩子。请你尝试站在女儿的角度,感受一下她面对这些课程时的感觉。"

这位妈妈开始崩溃大哭:"我觉得自己很对不起女儿。她已经很努力了。"她说自己想起有时候女儿会可怜巴巴地对她说:"妈妈你不要生气了。我还会继续努力的。我不想让妈妈生气。"

过后,她说终于意识到了自己的心态有多么功利,本想给女儿最多的爱,结果却伤害了她,还美其名曰"不希望孩子落后于别人""希望孩子全面发展"。

苛求,满足的是父母自己的需求,而不是孩子的需求。当我们认清这一点,就不会再尝试在孩子身上寻找价值感了。

看清"无条件的爱",不做溺爱型父母

现在的父母对孩子的心理健康越来越重视,很多人都会主动去看一些心理学类的书籍,也有人参加各类心理学课程。这都是非常好的现象。但是,也有一些父母在看过大量心理学书籍之后,反而变得不会"教孩子"了,唯恐自己哪里做错了,给孩子造成永久性的创伤。

有一位困惑的母亲曾经问我:航武老师,我原来也是凭本能教育孩子,但自从学了心理学之后,知道了"爱与自由""无条件的爱""宽容教育"等概念,就开始困惑了。到底什么是无条件的爱?如果没有条件,那跟溺爱有什么区别?大家又都说溺爱不好。弄得我也不知道该怎么做了。

这位母亲的困惑非常典型。很多人抱着无条件、宽容的态度去对待孩子,反而让孩子变得放任、不受管束。孩子一生气,父母就屈服——这到底健不健康呢?

我的回答是:放任的爱不是爱。

无条件的爱,指的不是无限制地满足孩子的需求,或者容忍孩子的错误行为,而是指不在"爱孩子"这件事上附加任何为了满足父母自己的需求而设置的条件。

溺爱就是一种典型的父母为了满足自己的需求,而强为之命名为"爱"的行为。

溺爱是父母对自己的一种补偿,它背后的心理动力一般有以下两种。

第一种,父母小时候(或者说"原生家庭")环境比较匮乏,没有得到养育者充分的照顾或是足够的物质满足。等自己长大了、有了孩子,

就把这种内心的不满足"投射"到孩子身上，通过满足孩子，来满足自己曾经未能得以满足的愿望。比如，如果父母成长在贫穷的年代，就会认为自己童年缺少的是物质的满足，于是就会将这样的看法加在自己孩子的身上，孩子想要什么就给他们什么，借此补偿自己没有在童年享受到的东西。从潜意识层面上来看，父母这样的行为看上去是在满足孩子，实际上是在满足自己。

这种溺爱往往体现为"什么都要给孩子最好的"。但实际上，哪有什么最好的东西，更不存在最好的生长环境。孩子一定要跌跤了自己爬起来才能学会走路。

第二种，父母无法给予孩子足够的陪伴，于是就在物质上过度满足孩子，通过这种方式来逃避自己内心的负罪感。它的潜台词是：虽然爸爸妈妈没时间陪你，但我们努力工作也都是为了你，你要什么我们都给你。

但这样做能骗过自己，却骗不过孩子。孩子都是冰雪聪明的，他们知道父母这样"爱"自己根本就不是因为爱，而是在逃避责任。所以在这样的环境下长大的孩子就会显得"贪得无厌"。他会一直向父母要更多的东西，不是因为他需要，而是因为他想让父母真正关注自己。"要东西"变成了孩子与父母沟通、获得父母关注的唯一方式。

在相对富有的家庭中，这一现象比较普遍。哈佛大学心理学教授罗伯特·寇斯（Robert Coles）曾对富家子弟进行过长期的追踪研究，发现他们"尽管拥有财富及特权，可是依然不快乐、不满足。所有的钱财、玩具、旅游，全都不请自来，他们已拥有许多，但还是想要更多。他们在得到后并没有获得很大的满足感，却生出更多的欲望。在这表象之下，充斥着挥之不去的无力感"。

当一个人不劳而获的东西太多，内心便会失衡，他会认为自己是没有价值的。因为他会想："什么事情别人都会替我做，那还需要我做什么呢？"所以这些孩子往往会出现身在福中不知福；或者表面上看一切都很好，可是自己却很困惑，对家人也有很多负面情绪。我们常常说"恨铁不成钢"，而这些孩子却会恨你们没有把他打造成钢。

前些年有这样一个新闻。某大学为了让大一新生的家长方便照顾孩子，为学生家长提供了用来短期住宿的"爱心帐篷"。结果有一个18岁新生的母亲，竟然住在帐篷里不走了，随时照顾儿子的各种需求，帮他买泡面、打扫卫生等。而这个男生也心安理得，说："我妈在，我比较安心。我从没离家这么远过。"

这就是我们常说的"妈宝男"。他们不愿意长大，心理年龄一直停滞在"宝宝"的状态，无法离开父母独立生存。

"妈宝男"就是典型的溺爱的产物。但我们不要以为这一切都是孩子的责任，是孩子离不开父母。真相是，父母心中的匮乏感才是制造"妈宝"子女的根源。

害怕孩子吃苦或无法接受孩子离巢的父母，就会以拯救和控制的行为，塑造一个永恒的"宝宝"在身边。虽然他们口中一样也会抱怨孩子的依赖，但其实内心下意识地在玩一个制造妈宝的"心理游戏"。他们不希望孩子成熟独立，因为这样孩子就会"翅膀硬了"，会离开他们的手掌心，甚至有如脱线风筝，飞向自己想去的地方，而他们所剩的就只有自己。他们无法面对自己的孤独和无助，于是就和孩子合力演出一场又一场永不落幕的"妈宝诞生记"。

而对于"妈宝"子女来说，他们虽然也会指控父母的亲情绑架及控制，但又无法摆脱对父母的依赖感，所以一直停留在抱怨的阶段，最终仍留在父母身边，以便索取慰藉及经济支持。

这是一个恶性循环的游戏。

溺爱与无条件的爱，只有一线之隔。溺爱是一种不负责任的爱；而无条件的爱，应该是在一定限度内，既爱孩子又给孩子自由和尊重。溺爱型父母对孩子要么过度放任，要么过度保护——前者没有为孩子设定规则，接受孩子所有的欲望和行为；后者则主动代替孩子解决问题，没有给孩子提供尝试错误的机会。

那么，该怎么区分这两种爱呢？

其实有一个很简单的办法，就是父母在试图满足孩子的时候，停下来想一想：这到底是我要的，还是孩子要的？

比如当孩子向你索要某件非常贵的玩具的时候，以前你可能觉得："虽然这玩具很贵，但既然孩子喜欢，还是咬咬牙买了吧。"但现在，你不妨停下来想一想：孩子到底是真的需要这个玩具，还是需要我陪他一起玩耍。如果孩子只是在索取你的关注，那么一个普通玩具也会让他非常开心。

有觉知的父母，懂得在恰当的时候以合适的方式向孩子说"不"。

我们不可混淆"放任"与"放手"。让孩子自己坐公交车上学，这叫放手。让孩子随心所欲地喝汽水、吃甜食，这叫放任。放手是为了养育独立的孩子，而放任只是害怕产生亲子冲突，是一种逃避。

那么，如何在不伤害孩子安全感的前提下，在家庭中为孩子设立规矩呢？下面提供"规矩建立四步法"，供爸爸妈妈们参考。

1. 家人间达成共识。

规矩不是只为孩子设立的，大人自己也要以身作则，否则孩子不会认同规矩的权威性。爸妈自己的行为要有规范，并要求孩子也要遵守一样的规矩。

2. 让孩子参与到规矩的制定中来。

家庭规矩不是法令，仅靠命令并不能让孩子信服。更好的办法，是跟孩子一起讨论，让孩子有一种参与者而不仅仅是执行者的感觉。

3. 不纵容错误。

理解孩子的一切行为，但这不代表放纵他们犯错。有错必罚，但处罚方式要合理。

4. 在处罚的同时，继续关心孩子。

不纵容孩子的错误，但要接纳孩子的感受。比方当孩子因为玩具被抢而打人的时候，告诉孩子："弟弟抢你的玩具，我知道你很生气。你可以生气，但不可以打人。"

6

每个人都是一座"冰山",水面之下的才是真相

看见自己,才能读懂孩子。

很多父母会在课程上问我:"老师,这个说法很好,你帮我做的个案咨询也很让我受用。但是,日常生活里可是没有心理咨询老师的。道理我都懂了,但一遇到问题,还是习惯性地按本能反应。没有老师的提醒,我怎么才能随时'看见自己'呢?"

这种困惑非常有典型性。确实,我们每个人在生活中都不可能随时带着一个心理咨询师。

但是,对于"觉察"这件事来说,不需要心理咨询师帮我们,我们自己也能做到。

怎么做?我推荐的一个办法就是"冰山练习"。我认为这是个很有效的察觉自我、察觉情绪根源的工具。我在"爱的唤醒实修班"里,会让每个学员连续坚持一个月,每天做一个冰山练习。从学员的反馈来看,效果非常好。

冰山练习来自萨提亚的"冰山理论"(如图2-1)。这是知名心理学家、家庭治疗师维吉尼亚·萨提亚(Virginia Satir)女士创建的理论体系,是心理学中最有效的自我察觉工具之一。

萨提亚女士创建的冰山理论,是将每个人都比喻为一座冰山。水面上的是能被别人看见的行为,而更大部分是藏在水面下的深层自我,包括行为、应对姿态、感受、观点、期待、渴望及自我七个层次。从自我开始,层层往上演化,最后表现为行为方式。

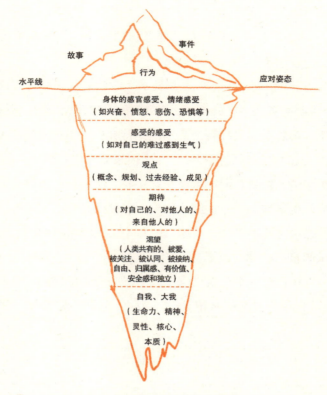

图 2-1 "冰山理论"示意

也就是说,我们在亲子互动中的任何一个反应,背后都可能是一长串的"冰山逻辑"。而冰山练习,就是将这个逻辑链条画出来,让它从我们的潜意识中、从水面下浮出来。

浮出水面,我们就觉察了、"看见"了,而"看见"即是疗愈。

在学习做冰山练习之前,我们需要先对几个重要概念加以区分:

- 情绪:代表人对周遭人、事、物的心理感受,包含喜、怒、哀、乐、恐惧等。通常人的行为受情绪感受的影响极大,例如生气了就开口骂人、出手打人,一高兴就口无遮拦。越是追随着情绪感受而自动产生的行为,越可能出问题。

- 观点:个人的看法、理解及诠释。不同的人对同一件事的看法、理解及诠释,因为个人成长背景及主观意识的不同,往往有很大差异。不同的观点会引发出不同的行为及情绪。

● 期待:心中预期,希望自己或是别人应该采取某种行动或获得某种成就。每个人都有各式各样的期待,当期待实现时,满心欢喜;期待落空时,则沮丧失望,可能做出失控行为。不同期待会引出不同的情绪和行为。

● 渴望:人的内心深处都有一些与生俱来的渴望。例如:爱人、被爱、被尊重、被接纳、拥有自由、活得有意义等。这是个人生存价值的基础,也是个人成长的潜在动力。这部分如果不能被满足,行为就可能会失控。

当我们能对这几个概念以及冰山的每一层逻辑做出明确的区分,我们就可以尝试画自己的冰山图了。

我们可以从任何一个让自己难受、不舒服的事件出发,来进行冰山逻辑的练习。下面是"爱的唤醒课"上某位学员根据"冰山理论"所列的表格:

冰山练习	
行为·应对姿态	跟家人争吵。我浑浑噩噩地走来走去,走了5分钟。 应对模式:指责。
身心感受·感受的感受	身体感受:表情和身体绷紧,眉毛紧锁,浑身疲乏无力。 心理感受:无力、无助、失望、沮丧、愤怒。 感受的感受:伤心、自卑、孤独、内疚、振奋。 (一边体验自己的感受,一边对自己说:"我接受自己的感受,我允许这份感受流动。")
观点	我想做点事情又担心家人不支持我,他们总是站在自己的角度思考问题。没有运转资金、时间也有些紧张,我非常担心自己做不好,家人会失望。现在,我感觉非常累,总是沉浸在无聊之事中,这是我自己最喜欢的折腾方式。

续表

冰山练习	
期待	对自己：我期待自己能多赚些钱，做成一件事并持续做下去。我期待自己更有力量。 对他人：我期待老公和儿子能更加宽容。我期待大家在关系中都简单一点。 我期待他人对我不要要求太高。我期待老公对我有更多的关爱，我期待儿子对我有更多的信心。
渴望	获得归属感，被关爱、被尊重、被认可、被接纳、被看到，自由。
自我·资源（欣赏）	无力，能量很低，生命力很弱，与自己失联。（我心中是九岁那年无助的孩子） 我欣赏自己：我欣赏自己的坚强；我欣赏自己的勤奋；我欣赏自己的勇敢；我欣赏自己的善良。 （体感锚定：留意身体正面积极的感受，深吸气！）
觉察与学习	通过冰山练习，我允许自己的情绪流动，并逐一检视它们、为它们命名，虽然它们之中有很多让我觉得不舒服，但我感谢它们帮助我走进内在，看到我真正想要的。
新的选择和决定	时刻觉察自己的行为、情绪、想法和需要；让自己的内在聚焦，同时通过身体练习让自己精神内守，让自己内在更加强大，不再依赖他人的认可和肯定。为"我想要的"去做"我可以做"的。

练习"画冰山"具体有什么作用呢？下面用一位"爱的唤醒课"学员自己写下的真实体验来作为回答。

"在学习冰山技术的时候，我总共画了将近40个冰山。

"每画一个冰山就重新认识自己一次，看到自己的种种情绪，同时也接纳自己的情绪。我不给自己贴'我是好人'的标签，我放下了无意识中对完美的追求。我接纳自己的不完美，也因为接纳而变得轻松、自由。

"印象很深的是：在一段时间内我持续画冰山，好几天情绪都特别稳定，心中觉得很平静。通过冰山练习，我看到了自己的需求，满足了自己的需求，心满意足的感受自然就出现了。在他人找我做咨询的过程中，我能够熟练地使用冰山技术帮助对方看到自己的需求和资源。"

持续的冰山练习，能让我们觉察及转化自己的情绪模式，进而觉察及转化自己的观点模式，进而觉察及转化自己的期待/渴望模式，最终内化到自己的日常生活和行为中，并做出改变。

这位学员本身是一位六岁孩子的母亲。经过持续的学习和训练，她已经能在生活中迅速察觉亲子互动中自己的问题：

"前天，在女儿绘画课结束我去接她的时候，我开始产生愤怒的情绪。因为这几次，女儿回家的时间越来越晚，我提醒她，她是无动于衷，一边慢吞吞地收拾书包，一边跟同学聊天。我在教室里等了30分钟，才终于离校回家。

"但我没有立即发作。到家后我立即跟女儿讲了我的情绪，告诉她我对时间的期待与焦虑，更说了我对她以后的要求，希望她能以最迅速的动作收拾东西。

"但在陈述自己需求的时候，又没忍住本能地脱口说了一句：'你让妈妈等了那么久，我觉得对妈妈来说不公平，你要把时间赔给我，再这样下次不带你去游乐园玩了。'

"话一出口我就后悔了。果然，女儿当即就委屈地哭了。我立即向女儿道歉：'对不起，妈妈说错话了——妈妈不是在威胁你，也不是不爱你，而是妈妈的时间真的很紧张。但妈妈刚才表达的方式不对，应该更温和地提醒你。我知道你现在很难过，妈妈向你道歉。但我们今后一起努力，

加快收拾东西的速度,这样好吗?'

"这样讲完之后,女儿就再也不哭了。她知道了我的焦虑不是针对她的。还好,我及时察觉了自己的失误,否则女儿的安全感又会被伤害一次。"

当我们有能力在日常生活中察觉到冰山的内容时,就能有弹性地随时调整,改善我们的亲子关系。比如当一个孩子问:"我为什么要上学?"不要急着给他答案,而是反问他:"你什么时候开始这样想的?"通过这样的对话,我们才可以真正了解自己的孩子。如果我们直接回答说"你怎么能这么想呢",则只会把孩子推向远处。

在亲子互动中,我们要将镜头从孩子的身上转向自己,觉察当一个情境发生之后,有意识地知道自己是处在哪些模式中,正走在什么样的历程当中。

冰山练习,就是看见自我需求的过程。在需求产生冲突时,一句话并不只是一句话,行为也不只是行为,而是一连串的情绪、认知、渴望、期待的串联。当父母看清自己的需求,发现自己内在未被满足的渴望时,才有可能自我满足,不再从孩子那里寻求解决方案。

亲子关系中的任何一个事件、冲突,都是父母自我察觉、自我修复、自我疗愈的机会。这才是"孩子是父母的镜子"最精准的解释。

所以,爸爸妈妈们,谢谢你们的孩子吧。

第三章
CHAPTER 3

爱的土壤：
培育健康夫妻关系，让孩子快乐成长

聪明的父母，懂得尊重另一半的位置

毫无疑问，对孩子影响最大的家庭关系，就是夫妻之间的亲密关系。孩子的血液一半来自父亲，另一半来自母亲，孩子的成长与双方的表现密不可分，双方不同的教育立场会对孩子产生不同影响。

无论是父亲还是母亲，对孩子的成长都担负着同样重要的角色。但父母在位置分配上却是不同的。我们传统的华人社会有固有的"男耕女织"以及"男主外，女主内"的角色分配。所以，孩子的父亲常常需要在外努力工作来保证家庭经济稳定，让妻儿不会受饿。父亲由于成了家庭的经济支柱，也通常顺理成章地成了家庭重要决策工作的执行人。而母亲通常成为处理家内事务、照顾孩子的一方。由于母亲无微不至的照顾，家庭才能正常运作。

在教育孩子这件事上，父亲母亲同样充当教育孩子的人选，我们通常认为父亲更能培养子女的纪律性及逻辑思维，而母亲则是循循善诱的为人处世的导师，教授孩子如何待人接物。当父亲母亲都处在正确的家庭位置时，家庭这棵大树才能不断被滋养、被温暖，孩子这棵小树苗才能在树荫之下茁壮成长。

随着社会文明的进步，父母的分工已经不再一成不变，但有一点是肯定的：无论是父亲还是母亲，都需要并有机会在孩子的成长中做出自己的贡献。平衡好双方的位置，一方面可以让孩子处在健康的家庭环境中，身心都得到全面发展；而另一方面，这也是家庭关系长期稳定的基础。

不过，如果父母双方中任何一方对孩子的支撑力度不够，孩子的成长就可能会受到影响。

　　我曾经有位来访者，让我们称呼她为李慧吧。李慧和丈夫是大学同学，从二人开始恋爱时李慧就表现出了强势的一面：和丈夫旅行或是游玩都是她提出目的地，然后全权负责路线规划；家中购置物件也一律由她决定。

　　在孩子出生后，李慧放弃了工作，全职在家抚养孩子，与此同时也接管了家中的经济控制大权：丈夫的收入大部分上交，培养孩子和家庭生活花销全都从这里支出。而丈夫仿佛是受到了传统家庭观念的号召，把大部分的精力投入工作中，家庭生活看起来非常融洽。

　　但随着孩子长大并进入幼儿园，夫妻间的关系发生了微妙的变化：孩子出生后大部分时间和李慧待在一起，因此和李慧的亲密程度远强于父亲，而李慧也顺理成章地承担起大部分教育孩子的工作，给孩子买绘本、玩具等。久而久之，丈夫发现越来越难和孩子说上话，而且他的说话方式孩子不习惯，说不到两句就跑去找妈妈了。

　　有一天下班的时候，丈夫带回一个变形金刚给孩子，孩子看到后爱不释手，也愿意和爸爸待在一起了。就在父子坐到沙发上，孩子饶有兴致地把玩变形金刚时，李慧生气地说道："你怎么给孩子买这种东西，小小年纪让他玩物丧志！"这种说话方式在李慧看来再自然不过，但丈夫长久的积怨一下子爆发了，甩下一句"你不要欺人太甚了"就跑出了家门。

　　从这之后，丈夫下班不再按时回家，甚至出现了电视剧里常见的一幕：下班后回到小区车库，停好车、熄火，然后等时间晚一点再回家。周末时，丈夫也热衷于各种社交活动，经常出去打牌、聚餐。这下又招来了李慧的抱怨："这个家你不管了吗？"越是听到李慧的训斥，丈夫心里越是不满，越是逃避和李慧交流。孩子这边也不省心，常常问李慧爸爸为什么老不在家，而且由于上次的变形金刚事件，孩子心里对母亲有了一些埋怨。

一次，在和孩子交流心声时，孩子的一句话让李慧震惊了："妈妈，你是家里的女皇！"这句话在李慧的脑海中久久回荡。于是她开始重新思考自己在家庭里的位置：自己是一个妻子，而不是万事皆管的"家中女皇"。

我们看到，随着中国女性自身才学和经济能力的提高，社会地位及家庭地位也在提升，贤妻良母已经不再是女性的奋斗目标，有的女性甚至成了家庭中的经济支柱，也掌握着家庭中重要事务的决定权。但是，这并不代表男性在家庭建设中的位置可以被忽略。

面对家庭破裂的潜在危险，李慧开始着手补救，第一步就是来做心理个案咨询。

在我们的探讨中，她慢慢意识到了自己在家庭中扮演了太多丈夫的角色，没有给丈夫足够的尊重。"爸爸"这个位置和角色被排挤出家庭之外，丈夫的"父职"无法发挥，仅仅作为一个"印钞机"而存在。由于母亲和幼年孩子的先天性优势，和孩子关系稍远的父亲被进一步排挤，自己希望发挥的"父亲"作用完全无处释放。

在这样的高压情况下，无论是父亲还是孩子都很容易产生逆反心理，虽然他们表面上对李慧言听计从，但心里已经极度不适。这也是为什么有的孩子在幼年时期非常听话，而到了初中就开始变得极端叛逆。李慧在丈夫给孩子买变形金刚后说的话，是对他的位置的强烈否定。丈夫也因此放弃了对自己家庭角色的坚守。

在后来的个案探讨中，李慧也找到了自己的原因。原来在她自己的原生家庭中，她的母亲就是一个控制欲很强的角色，习惯对她进行指责，导致她自身安全感很低，所以后来她习惯用强势的控制来填补自己的安全感。

找到"病根"之后，李慧开始在行动上做出改变。面对喝多了的丈夫，李慧不再吼他、让他去睡沙发，而是让孩子去打来热水，母子一起照顾丈夫。同时还会对孩子说"看爸爸多么不容易""爸爸为这个家辛苦了",用这样的话来维护丈夫在孩子心中的形象,而不是像之前那样骂他"酒鬼""不顾家"。这样一来,丈夫反而觉得心里过意不去了,慢慢又回到了父亲该有的位置上去,面临崩溃的家庭关系就这样被挽救了回来。

站在孩子的角度,当父母之间出现否认彼此位置的现象时,孩子作为心智发育还未成熟的未成年人,他们在"该支持谁"这种复杂的问题面前是无法判断对错的,只能被迫做出选择。如果孩子需要在这种压抑的环境中度过多年,其身心健康影响会受到极大影响。

要给孩子提供健康的成长环境,双方都需要给予对方足够的尊重,让孩子有正确的参考目标。母亲带给孩子温暖和安全感,而父亲带给孩子坚毅、力量以及独立思考的能力。父亲的职责不像母亲一样具象化,诸如衣食住行之类,而多为一些潜移默化的指导性影响。在李慧的案例中,由于她不尊重伴侣的家庭位置,造就了人为的"丧偶式"教育环境。

母亲对父亲行为的指责还容易让孩子把父亲视为反面教材,从而给父子关系造成更加严重的挑拨。另一种可能是,孩子由于母亲的强势只能表面屈从,内心同情父亲但不敢表达。无论怎么样,当一方否定另一方在家庭中的位置时,最大的受害者是孩子。父母作为成年人,可以用分散注意力的方式来进行短暂的逃避,而孩子每天都需要面对家中的当权者和失权者并被迫选择站队。

聪明的父母,会在言语之中消除另一半带给孩子的不好印象,进而巩固另一半的位置。妈妈需要"抬举"丈夫在外的不容易,而爸爸需要赞美妈妈的细致入微——当然也可以反过来。孩子的成长需要双方的精心照顾和高质量的陪伴,双方都应该回归到自己应该的位置上,并鼓励对方多多参与孩子的养育工作。不能因为一方控制欲望太强,就将另一方边缘化。

每一个家长都应该在明白自己重要性的同时,意识到伴侣也有同样的重要性,归正家庭的秩序,让孩子在双方的努力下快乐成长。

爱的土壤：培育健康夫妻关系，让孩子快乐成长

不抱怨的妈妈，是孩子最好的人生导师

很多夫妻在家庭生活中出现问题时，经常会抱怨另一半哪里做得不对，并要求另一半做出改变。比如有些妈妈会抱怨生活水平达不到预期的目标，并把其中原因"归罪于"丈夫的不成功；有些妈妈会抱怨丈夫粗枝大叶老办错事，孩子脾气大、不听话，对物质要求过多；有些妈妈甚至会抱怨自己之所以运气不好，是因为没有遇上更有能力的另一半。

请喜欢抱怨的父母反思一下自己，我们抱怨的理由成立吗？

在上一节案例中，妈妈李慧由于长期在家庭中承担和控制各种大小事务，导致丈夫全无家庭事务及照顾孩子的参与感。因为没有办法改变这种局面，丈夫放弃了参与家中事务的权利和义务，成了"局外人"。李慧一味抱怨丈夫不关心家中事务而不反思自己的强势，完全是站在自己的主观位置，而没有认真考虑这些抱怨的合理性。

在没有认识到自己已经在家中扮演了恶劣角色之前，李慧的大脑中充斥着"我执"，看不到丈夫、孩子的心理需求。孩子是否需要一些更有趣的玩具来获得更愉悦的童年生活？孩子是否需要这么多的课余学习内容？老公是否真的是只知道拼命工作而教子无方？对这些问题她都无暇去思考。

如果在家庭生活中，夫妻一方总是只站在自己的立场考虑问题，那么就会凭空增加很多不合理的抱怨理由。

其实，父母之中喜欢抱怨的一方，往往是行动能力差、不愿意主动来改善家庭关系的一方。在我们的家庭中，妈妈相对容易产生抱怨情绪，因为妈妈要管一家三四口人的吃、穿、住、行、用,很多全职妈妈还要承担起陪伴孩子、给孩子早教的沉重任务。但是妈妈们也要考虑到,如果自己抱怨丈夫事业不成功,甚至总觉得丈夫不如别人,这无异于辱没了你在"建设家庭"的战斗中唯一战友的尊严。

而对孩子来说,父母所有的抱怨都会让他们无力反抗,在他们看来都会成为侮辱和责备。暴露在重重情感压迫下的他们无法度过一个快乐的童年,这对他们的人格塑造、智力开发也绝非好事。

从我们记事起,父母的言行就如同教科书般影响着我们,理所当然地,我们从他们身上学到了他们表达愤怒、沮丧、无奈的方式,并且开始模仿。

在和孩子相处时,无论我们在外面世界是多么光鲜的人,也会慢慢褪下光环,在孩子面前暴露所有的瑕疵。你的自私、脆弱、狭隘、虚荣都会一起灌输给孩子。所以如果父母是喜欢抱怨的人,孩子长大后往往也会沿袭父母的做法。

小时候我们可能经常会听到这样的话:"你可别学你爸不好好学习!""你们一家子合起伙来欺负我!""这日子该怎么过啊。"在这样的环境下,孩子会本能地认为,当生活中出现不如意时,抱怨会成为一个解决方法。只要自己的抱怨足够强烈,就能改变事情走向。

甚至,他们会接受父母把抱怨作为一种"教育"——很多家长会对孩子说自己在家庭中多么不容易,在社会上摸爬滚打多么辛苦,企图让孩子认识到他们的惨境从而加倍努力变成上进的人。但事实上这样只会导致孩子的行动能力变差。为什么呢?因为抱怨的动机是希望别人改变现状,同时默认自己已经没有改观的空间,这是自私、没有行动力的表现。在这样环境下长大的孩子,很难成为一个自信、有行动力并能承担责任的人。

所以当妈妈的,一定要看清"抱怨"的真相,摆脱"怨妇"心理。

抱怨的真相是什么?我们用一个案例来说明。

爱的土壤：培育健康夫妻关系，让孩子快乐成长

我们"爱的唤醒课"上曾经有一位妈妈学员，在课程结束后写下了这样的感言：

结婚七年，我对丈夫有各种要求和抱怨，认为他做的事不尽如我意。然而我发现当我跟朋友说起丈夫时，我觉得他是那么的能干和体贴。

我开始迷茫：我是怎么了？我感觉我像是人格分裂了一般——他明明很优秀，为什么到我这就觉得那么不堪了呢？

学习后，我发现自己的很多抱怨不是针对他的，而是针对原生家庭的。我开始学会与父母做联结，用课程中学到的知识和方法来自我满足。同时，我试着让自己回归到一个妻子的角色，允许自己放慢脚步，放下拼搏和坚强；允许自己软弱，从妻子的角度去包容和理解他，给他更多生活上的支持。

有一次，他没能兑现承诺，我也没有冲他抱怨，而是给他一份理解。他很诧异，担心后面是不是要有狂风暴雨马上来临。

当然，学习也是有一个过程的，他看到了我的变化，但他不认为我是真的改变了，有时会用激将法试探我。我刚开始确实有被惹恼的时候，但随着不断学习，我的内心越来越平静，能够接纳所发生的一切。我开始尊重和接纳孩子，珍惜和感恩丈夫。

丈夫感受到了我的这份爱，不仅支持我长时间的学习，还主动要求参加爱的唤醒课堂，愿意与我一起成长，共同为孩子创造一个有爱的家庭环境。

学习不仅让我身心健康发展，也让我的家庭更加幸福和谐，也愿更多的家庭拥有幸福和快乐。

这位妈妈，从一个喜欢抱怨的妈妈，变成了一个包容有爱的、能够支持到他人的妈妈。其中关键的第一步，是她看清了夫妻关系中抱怨的本质：

妈妈觉醒，孩子幸福：给孩子一个更好的原生家庭

好多时候，我们抱怨的对象，并不是我们真正想抱怨的人。

还有一位妈妈学员，习惯抱怨的对象不是丈夫，而是自己的儿子。她在课程结束后，写下了这样的感慨：

我一直认为教育男孩，就应该让他学会承担责任，不怕困难，勇敢面对。结果事与愿违，我发现孩子正朝着相反的方向发展——他不愿意与人交流，害羞胆小，还特别爱哭。老师、朋友的评价都是：孩子内向，不愿意表达。

我非常苦恼，不知道怎么办才好。每当看见他慢吞吞时，我都会忍不住对孩子大吼大叫。但每次吼叫之后，我常常又后悔不迭。慢慢地，他也不愿意跟我谈论他自己；当我问他的时候，他都以"不知道，忘记了"来回答。

当我带着孩子的疑问来到课堂，才恍然大悟：孩子的问题，其实是父母的问题。而这份要求，其实针对的是我自己——我没有得到满足，却让他来承担。所以我在学习后，发现孩子需要的是一份安全感和价值感；孩子内向的问题就是我陪伴的时间太少，给他的肯定和鼓励太少，并且我对孩子提了太多的要求。

我很庆幸，我在孩子五岁时意识到了这个问题。回归到家庭，我给他足够的陪伴，满足他的安全感；给他足够的信任，满足他的价值感。我不指责不批判他，让他自由地成长，以此填补孩子从小的创伤，让他真正在有爱的环境中成长。经过大半年的时间，他越来越开朗，开始主动跟我讲幼儿园发生的事，主动大声地喊老师，愿意在人多的时候表演、唱歌，这让我欣喜不已。

前段时间参加幼儿园的家长开放日，孩子第一个举手回答老师的问题。我发现孩子越来越自信大方，积极乐观。在我学习的路上，孩子耳濡目染，当我有情绪的时候，他会悄悄地跟我说："妈妈，你上课认真

听了吗？"

我内心一阵喜悦，孩子的觉知力比我还强，而他的反问也提醒我：我成长得还不够，我还要继续学习，让家这个土壤更加地有营养。

所以，喜欢抱怨的妈妈们，让我们首先"看见"，然后改变，彻底摆脱怨妇心理，不做"祥林嫂"。

尤其当家庭关系中出现问题的时候，不要急着抱怨，先去查找问题的源头，进而想办法积极地解决问题。当孩子看到父母在努力解决问题，而不再抱怨时，他们也会养成积极解决问题的习惯；当孩子能提高自己解决问题的能力时，他们就不会再去抱怨了。如果家长不参与孩子解决问题的各种训练，他们就会觉得很无助。这种无助感对孩子来说是致命的。

不抱怨，多鼓励。在生活中不断赞美你的孩子，赞美他们每一点的进步和努力，欣赏他们乐观的态度和行动力。当然更重要的是，改变你自己的态度，那么一切的一切，就会跟着改变。

妈妈觉醒，孩子幸福：给孩子一个更好的原生家庭

有智慧的爸爸，懂得用合理的方式树立威严

"父亲"在孩子的成长过程中，一个很重要的职责就是引导孩子建立是非观、善恶观。爸爸的话在孩子那里是否有说服力，是否能够引起孩子的重视，这取决于爸爸是否在孩子成长过程中树立起了自己的威严。孩子处于成长期，需要家长的言传身教引导他们成长，在出现错误的时候，也需要家长及时纠正，这就是树立威严的目的。

但随着孩子不断长大，世界观和人生观不断完善，他们在自我个性塑造的过程中，难免会和父母产生冲突。孩子慢慢开始不听话、和父母拌嘴，甚至对父母撒谎——这些都是我们可以预见但不希望今后一直伴随孩子的行为。在这种情况下，父母正确的引导和沟通是孩子能否甩掉这些坏毛病的关键。

在传统观念中，"严父"是我们对家庭中爸爸形象的认识。而现如今的家庭中，爸爸往往也扮演着较为强势的一方，即家庭的经济支柱、大事的决策者。爸爸在家庭关系中的威严形象的树立，离不开其对家庭经济和走向的决定性作用。但站在孩子的角度，对这些贡献往往因为他们年龄太小而无法理解。再加上有的爸爸不懂得树立家庭威严的方式，他们在孩子眼中便成了吆五喝六、喜欢大打出手的"坏人"；而另一部分爸爸又对孩子娇生惯养，作为父亲的形象全无体现。

相信现在初为人父的爸爸们，在小时候没少受父亲的打骂：考试成绩不理想，打；贪玩回家时间太晚，打；打破家里物件，打；甚至拿筷子方式不规范也要被打。父亲与男孩之间由于都偏阳刚，教训起来往往不

爱的土壤：培育健康夫妻关系，让孩子快乐成长

手软，再者由于男孩性格往往比较倔强，父亲们需要表现出更加强硬的态度才能让孩子屈服——恶性循环就此形成。

对于女孩，老派的爸爸们也有最恶臭的方式，那便是"否定教育"。由于女孩生理上的弱势，父亲通常不会大打出手，转而采用摆脸色、语言羞辱等方式维持自己的威严形象。无论女孩取得何种进步，都不去表扬，而是不痛不痒地说一句"这是应该的"。由于每次和女儿的对话都以审视的目光开始，久而久之，父女之间建立起无数座看不见的冰山——威严是建立起来了，但受到冷暴力伤害的孩子只能对父亲敬而远之。

虽然有的父亲由于为生活奔波，在家中待的时间并不长，但是当他们回到家，孩子就会如同老鼠见到了猫一样，无法正常说话，处处需要收敛，唯恐让父亲看不惯。如果父亲为了树立自己的威严形象而让一个家庭出现这样的景象，那么实在是很不幸。

上面两种普遍存在的情况，都是树立威严的错误方式。在父辈错误的教育方式下长大，很多爸爸们现在或许已经释怀，但是从现在起，千万不能再用这些错误的方式对待孩子了。

父亲想要树立起自己在家庭中的威严，若单单以恐吓、动手打人等方式来达到目的，就会给孩子营造一个白色恐怖式的成长环境，甚至也会让母亲一方在家庭中无所适从。如果在这时候母亲出来干预父亲的所作所为，固执的父亲就会火上浇油，从而加重恐怖气氛，让整个家庭越闹越僵。稍微弱势的母亲只能采取消极的态度，或者忍气吞声，孩子在这种情况下更加孤立无助，自尊心备受打击。

肢体暴力和冷暴力并不能成为父亲树立威严的好方式，所有儿时的伤害，都会在日后腐蚀孩子的性格。成年后当你彻夜思考犯错的原因，思考为何自己存在偏执性格，就会把记忆追溯到童年。由于暴君般父亲的存在，家中没人敢得罪他，自己的尊严被他剥夺殆尽。本该快乐完整的童年被一个满脑子"棍棒底下出孝子"却不懂"恩威并施"的人彻底剥夺。

我们举一个例子吧。曾经有一个来访者，我们称呼她"阿青"好了。

阿青其实是一个逆来顺受的女孩子，但从小却被父母和周围的大人扣上了叛逆的帽子。究其原因，是因为阿青小时候经常被父亲打骂，内心非常恐惧，她常常选择忍耐，但忍耐到了极限就会通过摔东西等方式发泄情绪。

成年后的阿青，在选择男朋友的时候也由于自己的逆来顺受，往往选择了不那么值得爱的人。她无私付出，把自己的一切都投入到感情当中，企图维护感情的持久。她其中一任男友是一个游手好闲的家伙，几乎没有上过什么学，还同时和几个女生保持着联系。阿青在知道自己不是唯一的一个之后，却仍不分手，死心塌地地爱着他。男朋友没有一份有发展前景的工作，但在向家人介绍时，阿青却通过撒谎来帮他瞒天过海。

阿青在恋爱关系中的尊严已经完全丢失，这和小时候把她踩在脚下的父亲有密不可分的关系。"打是亲，骂是爱"的育儿之道的出发点是好的，但一些父亲为了树立家中威严肆无忌惮地加以演绎发挥，这不单单造成生理上的创伤，还会在孩子的心理上留下阴影；家长如果长期恐吓、打骂孩子，最后要么把孩子逼得自暴自弃；要么让孩子变得胆小懦弱、精神崩溃；要么让他们有样学样，也学得极具暴力性。

那么，如何正确树立起爸爸在家中的威严呢？前面已经讨论过，树立威严的目的是让自己在孩子甚至妻子面前说的话更加有分量，在自己输出价值观和行为准则时听者更加容易认同和接受，而要做到这点，则需要父子/父女、夫妻两两之间建立起高度的信任感。

换言之，要让自己在家中说话更有分量，爸爸需要获得妻子、儿女的信任。经过长时间的相处，妻子对于丈夫的为人处世方式、脾气均有深入了解，对于丈夫在不同方面的优势和劣势，妻子都会了然于心。对

丈夫各方面的建议都有自己的判断：知道哪些方面可以完全听丈夫的话，哪些方面需要共同商议，哪些方面需要纠正丈夫。

而我们的孩子不一样，初次降临世界的孩子是一张白纸，他们对父亲的能力无从判断，因此孩子对父亲的信任感是需要花时间逐渐建立的。

很多父亲由于忙于工作，和孩子距离疏远，自然而然就会想到一些所谓的"高效"的管教孩子的方式："打你让你长教训""把话说难听，一语点醒梦中人"……妈妈们生下孩子后，通过哺乳、哄睡等温柔的方式，才换来孩子和她们亲近。爸爸们如果不抓住机会多和孩子在一起，而是采用极端方法来管教孩子，凭什么让孩子信任你？

所以，有智慧的爸爸，懂得如何在不损害孩子心理健康的前提下，合理地树立自己的威严。在这里，我们提供几个关于树立父亲威严的原则和方法。

1. 跟妻子统一战线。

在育儿这件事情上，夫妻俩既是合作者又是竞争者，两人都会担心孩子和对方亲近而疏远自己。但关键时候，彼此又都会希望对方在孩子面前来一记精彩的"助攻"，让孩子更爱我们。在教育孩子或纠正孩子行为时，爸爸需要和妈妈统一战线，保持原则一致。如孩子有贪吃的习惯，切记不能出现妈妈及时制止而爸爸任其多吃的情况。孩子遇到这种情形，就会理所应当地偏向对他更加舒适的一方，而孩子在做出这种判断时是不带任何是非观的。

只有夫妻统一教育原则，孩子才能判断什么是对、什么是错。夫妻也需要提前沟通好、协调好，避免孩子在出现问题时拿另一方出来做挡箭牌，使得父母其中一方威信降低。

除了统一教育原则，妻子的称赞也可以帮助丈夫在孩子面前变得伟大。如夸奖爸爸聪明、有力气等，都可以在孩子面前强化爸爸作为男性的优势特点。当然，爸爸们反过来夸妈妈也是必不可少的。这么做的目的就是在孩子面前把父亲塑造成"聪明人""大力士""讲道理的人"等好形象，让孩子从心里认为爸爸是这些方面的权威。

2. 明辨是非。

很多父亲在教育孩子时还是信奉"不做出头鸟"的处事原则，并坚持让孩子也这么做。当被同学霸凌的孩子哭着回家时，相信多数父亲都会挺身而出讨个公道。但如果在学校不公平对待孩子的是老师呢？相信从上一代直至现在，我们绝大多数父亲都会告诉孩子千篇一律的内容："在学校一定要团结好同学，听老师的话。"哪怕他们认识到是老师的错误，也会因为害怕孩子受到老师的"特殊对待"，而用几句随便的话应付孩子，息事宁人。时间长了，一个无能、无知的父亲形象就在孩子心中诞生了。

当自己家孩子和别人家孩子发生争执，我们多数父亲也会说自家孩子的不是，而不是让两个孩子明辨是非，认识到究竟是谁不对。如果可以花一些精力去了解事情经过，该批评的进行批评，该鼓励的加以鼓励，家长明辨是非的形象就自然树立起来了。

3. 言出必行，以身作则。

建立信任的最直接方式，就是对得起别人对你的信任。

我们或多或少会在电视上看到这样的新闻：父母违反公共规则，而孩子对其进行批评。如果走到了这一步，那么树立威严形象的工作就得重头来过了。父母自身都没做好，拿什么去教育比你更明事理的孩子呢？

当然，有一种承诺要特别小心。

"期末考试进前十名就买游戏机""作业完成后可以看电视"……诸如此类的口头约定我们在童年时期听得太多了，但真正言出必行的家长又有多少？遵守约定首先是对孩子努力成果的肯定，其次，也是对自己言行的负责。当给孩子的承诺无法兑现，孩子的感受首先是沮丧，紧接而来的就是对承诺人的失望，进而不再信任。

事实上，类似这样的承诺也没有必要。因为学习是孩子自己的事情，

如果用奖励或惩罚来回应孩子的学习成绩,容易造成一些问题:

比如,当奖励吸引力不够的时候,孩子学习的动力也随之减少。下面这个小故事,就说明了这一点。

有一群孩子,每天都在一位退休老人的家门口嬉闹,老人觉得很吵,想要让孩子离开。他是用什么办法做到的呢?有一天,老人把这群孩子叫到身边,对孩子们说:"你们每天在我家门口玩,让我感受到了快乐,所以我决定感谢你们,来,我给你们每人一块钱。"孩子们欢呼雀跃地拿着钱去买零食了。第二天,老人给了孩子们每人0.5元,孩子们感觉跟期待有所不符,但有钱总归还是高兴的。第三天,老人给孩子们每人0.1元,孩子们明显感觉到不太开心。等到第四天,老人对孩子们说:我以后都没钱给你们啦。孩子们立刻回答说:"那谁还在你家门口玩啊。"于是,老人的家门口恢复了平静。

另一种情况,就是当孩子学习成绩不好,父母用惩罚的方式对待孩子。这种惩罚使用得越多,越会让孩子觉得:学习是父母的事情,是父母要我学,而不是我自己要学。同样让孩子学习的动力减少。

4. 控制情绪。

如果爸爸在孩子面前经常大发雷霆,那么在这一刻,他给予的指导或是建议就不那么让人信服了。失去理智时,大人表现得像孩子一样不讲道理。我们的孩子可能会听一个明事理的同龄人给予的建议,但不会糊涂到听命于一个态度差、只会发脾气的大人。爸爸在和孩子交流时一定要避免情绪化,必须让孩子明白,你的每一个建议和指导都是在深思熟虑之后告诉他们的。

我们的爸爸们在管教孩子时,一定要避免踩到上一辈挖的坑,用温和讲道理的方式逐渐建立起和孩子及妻子的信任关系,在家庭事务上不怒而威,给妻子和孩子坚实可靠的印象。

4

理性处理夫妻矛盾，不让夫妻"战争"误伤孩子

俗话说："天下没有不吵架的夫妻。"夫妻关系从两个人开始相处的第一天起就面临着各种矛盾，从生活中的大小决定，到夫妻之间的情感问题，再到孩子的教育问题，大多数夫妻的意见往往都不一致。所以夫妻之间出现分歧甚至争吵是再正常不过的事。

不过，夫妻之间该"如何吵架"，却是一门学问。很多爸妈都认为，只要最终问题得到解决，夫妻关系和好如初，中间的吵吵闹闹没什么，"打是亲骂是爱"，这才显得我们夫妻关系亲密嘛。

但这里面忽略了一个很重要的问题，就是爸妈吵架会对孩子造成什么影响。

在一项研究实验中，让小孩仅仅处在爸妈"紧张争论"的环境中，小孩子就会出现心跳加速、手心出汗及皮肤收缩之类的生理反应。

当孩子面对父母的"战争"时，他的感受是什么？首先是疑惑、不安。因为在孩子眼里，父母都是自己的"天"，所以当两个"天"在相互指责对方是"错误"的时候，孩子是无法理解的。其次是自责——尤其是幼年期的孩子，很容易将父母的"战争"原因归咎到自己身上："父母之间的争吵是我的错吗？"再次是恐惧："妈妈（爸爸）会被这么对待，我也会被这样对待吗？"

如果听到父母说要"离婚"，孩子心中更是会因为即将彻底失去依赖对象而变得没有安全感。

夫妻间的长期争吵，会让孩子长久处于不安的恐惧氛围之中，对父母

两方都失去信任。成年后也可能会出现信任危机,即发展为对周围人群的不信任,对异性的不信任,无法与人建立亲密关系。

尽管夫妻之间的矛盾多不是针对孩子,但孩子在听不明白的情况下,恰恰有可能成为受打击最大的人。

我曾有一位来访者,我们称呼她为"壮壮妈"吧。壮壮妈经常会接到壮壮班主任打来的电话,说壮壮在学校不团结同学,有时候还对同学使用暴力。班里其他孩子都害怕壮壮,希望家长务必高度重视,不然孩子可能会面临被劝退的风险。

听到老师警告的壮壮妈心中既难过又迷惑:自己从来没有教育孩子欺负别人,为什么孩子在学校里就成了一个"小霸王"呢?我告诉她,既然老师这么说了,肯定也不是故意冤枉孩子,你不如到学校去看一看。结果她就到学校偷偷观察了一下儿子,发现壮壮确实跟同学玩不到一起,下课时候和同学在一起玩不了多久就开始发脾气、扔东西。

壮壮妈这才反应过来,自己和老公在家也是这样的,当他们产生矛盾时,会旁若无人地大吼大叫、乱扔东西,似乎从来没考虑过一旁的儿子。父母吵架时,壮壮在一旁看起来好像情绪很稳定,于是壮壮妈也理所当然认为他们的吵架没有影响到儿子。而现在她终于真真切切地看到夫妻吵架给孩子造成了多么不好的影响。

我们都知道,孩子依赖父母是一种本能。还是婴儿的时候,他们就能随着我们的表情和动作做出相应的反应,你笑孩子也笑,你装哭孩子也会哭。父母是孩子感情上的依赖对象,父母的喜怒哀乐伴随着孩子的出生直到成年。所以如果父母吵架让孩子看着,他的安全感自然就会受损。

壮壮在学校发脾气、不友好等表现,恰恰是因为缺乏安全感而"先发制人"的表现。

所以夫妻之间，除了需要看见矛盾、解决矛盾，还要尽可能降低吵架过程中给孩子带来的负面影响。当夫妻内部出现不和谐或发生争执的时候，怎样让孩子置身事外，还孩子一个轻松的环境呢？

首先，肯定是尽可能地和平解决，避免以吵架的方式来达成共识。健康的夫妻关系往往以尊重对方为基础，这里既有对对方人格的尊重，也包括对对方看法的尊重。一旦我们认识到"夫妻是两个个体，一定会存在看法上的分歧"，那么轰轰烈烈地吵一架，决出谁对谁错也许就完全不重要了。

随着对另一半了解的加深，我们在很多事情上其实已经能够猜到对方的立场和决定，顾家的家长往往会在生活中潜移默化地缩小两人的分歧。很简单的一个例子就是：两人一个爱吃辣，一个怕吃辣，那么在一同用餐的时候就应该保证两人都有所选择，因为口味不同产生的不必要的矛盾就会被扼杀在这个温暖的摇篮里。夫妻之间培养起求同存异的默契，产生矛盾的概率就会大大减少。在友好的关系中，我们更容易去用正面的方式温和地讨论矛盾的解决方案，这更有利于夫妻感情的升温。

不把矛盾转变成面红耳赤的争吵，并不意味着通过回避的方式将一切矛盾大事化小、小事化了。有的夫妻吵架并不多，但是每次发生争吵时，一方总能说出一些伤害另一方自尊、极度贬低对方人格的话，比如没本事赚钱、肚子太肥等。吵架的目的本是要解决矛盾，但这样做只能逞一时的口舌之快。而目睹一切的孩子，会在心生同情时把这些刁钻的损人绝招统统学去，用于伤害下一代人，成为语言暴力的继承者。

夫妻在解决问题的前提下，和平地处理矛盾，可以保持家庭和睦的氛围，避免给孩子造成负面影响。

但是，当争吵不可避免时，该怎么做才能减少对孩子的伤害呢？

1. 别在孩子面前争吵。

在孩子面前肆无忌惮地上演语言和肢体暴力，只能让孩子产生恐惧

和不信任感，最终造成亲子关系的疏远。当我们大人的情绪控制力出现了问题，不要让这些情绪溅射到孩子身上。在孩子面前肆无忌惮地吵架，意味着在未来可能会给孩子带来无限的不确定性和不安全感。

当夫妻双方有较大情绪时，最好能给彼此一点安全的时间和空间，各自消化情绪，待心情比较平静之后，再进行沟通。

2. 不要试图借助孩子来解决夫妻问题。

夫妻吵架之后常常无法直接对话，因为再次直接对话后，很容易酿成更激烈的争吵。有的爸妈这时候就把孩子拉过来："告诉你爸冰箱里有剩饭自己热着吃！""告诉你妈我今天不回来了。"不论这种过程最后以怎样愉快平和的结尾收场，但是在过程当中，孩子都会感觉像依附在其中一边的墙头草，没有归属感。

站在孩子的角度，没有人愿意当父母其中一方的附属品。出现争吵后，父母双方进行沟通、消除矛盾是他们自己的责任，不应该让孩子小小年纪承担起"和事佬"的角色。更不要说，在孩子传话的过程当中遇到的并不都是好话，如果是伤害的话语，再让小孩去传达，等于先伤害到孩子。而心灵幼小的孩子在这种微妙的关系之中如履薄冰，他们的精神状况令人担忧。

还有的爸妈在大吵之后会把孩子拉到一边，苦口婆心地分析自己的委屈和对方的不是。无论孩子认同还是不认同，时间长了都会产生心理疲劳。长此以往，当孩子耳朵无法逃避时，只能关上心房，让自己变得麻木。相反，如果一方在孩子那获得了认同，两人形成了统一战线，那么对另一方是非常不利的。整个家庭的平衡将向亲近孩子的那方倾斜，长期下去会造成家庭分裂。

比起吵架后找孩子评理，在吵架进行时让孩子决定谁对谁错，给孩子的伤害更严重。这相当于让判断能力并不强的孩子被迫在父母之间进行一次选择"离婚后你跟谁"的提前演练。孩子如果当面认同了其中一方，那么就会对另一方产生背叛感。而孩子内心对另一方也是有认同的，所以只能私下偷偷支持另一方。久而久之，孩子会对父母双方产生双重背叛感，甚至演变成为一种罪恶感——其实这和孩子一点关系都没有。孩子和父母之间距离将越来越远，因为靠近就会被迫选择，而孩子不想背叛谁，不想被迫选择。

所以，当父母出现大吵的情况，并发现自己有找孩子来解决问题的倾向时，应该及时打消这种念头，孩子没有义务来充当这个被道德绑架且背负着精神压力的调解员。

3. 争吵过后，要想办法抚平孩子的伤口。

如果自己跟另一半吵架的场面不巧被孩子看见了，那么首先要做的就是向孩子说明父母为什么吵架。

孩子由于理解能力有限，很可能从父母的只言片语中自己想象出一个故事来。如果不向他解释清楚，他很可能会在独处时胡思乱想，长期下去可能会造成孩子情绪低落或交流障碍。当孩子心中的疑问得到解决，他自然也就明白：爸爸妈妈不是因为感情不和在这里大发脾气，而是因为要对某件事达成共识；爸爸妈妈吵架中提到我的名字，但这并不是因为我造成了他们的争执，而是他们把我考虑进了他们的计划当中，是爱我的表现。

解释清楚原因之后，要勇于向孩子承认错误。孩子作为夫妻争吵时的局外人，本不该被牵扯进来，但是当争吵的问题波及孩子时，我们有必要在孩子面前敞开心扉。首先是承认由于双方的情绪失控才会有争吵事件的发生，如果没有争吵，这点家庭问题的讨论完全可以用更好的方式解决；其次可以根据实事求是的原则，剖析自己的观点是否存在问题，坦然承认自己的缺点，让孩子认识到父母也是普通人——有时候争吵虽然不可避免，但这就是我们作为人类的正常情绪；最后一定要向孩子道歉，由于父母的不理智给孩子造成了惊吓，希望得到孩子的原谅。在平时和

爱的土壤：培育健康夫妻关系，让孩子快乐成长

孩子的相处中，还需要试探性地了解孩子是否还对吵架一事心有余悸。

总之，如果吵架不可避免，那我们至少要做到让它有始有终。不但需要让孩子看到这场"辩论"的圆满收场，夫妻之间更需要达成和解，让家庭氛围和谐如初。不然得不到解决的问题长期积累，终究会消磨掉夫妻间的感情，家庭破裂之后孩子受到的伤害将无法弥补。如果让孩子看到爸妈间的问题得到了解决，那么孩子对父母解决问题的能力也会信心倍增，孩子也会认识到与人相处、与异性交流中有磕磕碰碰是正常的，遇到问题只有积极去面对才能学习和成长。

如果两人无法对争论达成一致，那么也需要做出对事情有推进作用的决定。夫妻是两个不同的个体，不可能对所有事情都看法一致，在矛盾形成时，双方应尽最大可能去尊重对方的建议，而不是用强力逼迫对方认同。面对这种情况，我们需要给孩子透露的信息就是，关于这个事情，爸爸妈妈的争论到此为止了，并且我们已经有了答案。

家庭中有分歧就会有矛盾，夫妻吵架本是平常事，但孩子的出现让这件平常事变得复杂起来。做爸妈的需要正确认识自己的不足，并给予对方足够的尊重，不要让孩子误认为他在爸妈的争吵中存在任何过错；不要让孩子被父母的失控情绪吓到并留下阴影，从而影响孩子未来的心理健康。

吵架是会成为一把伤害孩子心理健康的尖刀，还是会给孩子提供一次身临其境的情商教育课，这完全取决于夫妻对家庭的在乎程度，以及能否从过往经验中总结出处理的技巧。

学会平衡事业和家庭，不做"工作狂"爸爸或"女强人"妈妈

爸爸妈妈们或许都经历过这样的事情：一个对公司（或工作）非常重要的项目突然出现在你的面前，你不得不时时刻刻守在电脑面前或是工作现场，工作在你人生中的优先级别瞬间变成了第一位，而其他事情都被抛在脑后，包括我们的另一半和孩子。

突然间，你变成一个工作的机器，不知疲倦地日夜回复邮件，在许多等你完成的事项中好不容易抽出一点时间来睡个觉，你唯一锻炼身体的机会恐怕就是往返于电脑和打字机之间。当你的工作让你投入了几乎所有的非睡眠时间，那么你也就无暇顾及另一半和孩子了，更不要说在某天陪家人吃一顿安安稳稳的晚饭。

在拼命给家庭创造经济收入时，我们不知不觉地都成了"时间的穷人"，穷到拿不出一个小时和家人深入交流。

"我的孩子现在都小学五年级了，居然不知道怎么把洗好的杯子和盘子放进碗橱，这该怎么办？"一位母亲问我。

这位母亲有着发展不错的事业，每天在公司朝九晚六，回到家差不多有八九点钟了。这时候丈夫已经下班接完孩子在外面吃过晚饭了，正陪孩子坐在沙发上看着电视，再过一会儿，孩子就准备睡觉了。丈夫虽然也是需要工作的，但从"工作重要程度（收入）"上来说不及这位母亲。

爱的土壤：培育健康夫妻关系，让孩子快乐成长

时间很紧张的时候，我们往往会直接把事情做好，而不去告诉孩子做一件事的步骤，这就导致孩子这也不会那也不会，什么都做不好。如果我们不给予孩子足够的时间来变得独立，他们将会一直保持依赖性。也许帮他们完成任务解决了我们的燃眉之急，但由于没时间对孩子进行引导，导致孩子没有自理能力，这可能会给我们带来更大的沮丧感。

"那你只需要手把手教给孩子怎么摆放杯子和盘子即可。"这是我的回答。

花一点时间在孩子身上，多和他们交流，教他们如何处理事情，这并不至于打乱家长忙碌的工作节奏，却可以让家长们以实际行动从工作状态切换到家庭状态——在放松心情的同时，也没有了这位母亲对孩子自理能力差的烦恼。最重要的是，孩子在学习和实践的过程中提高了自信心。

但是，忙于事业的家长们回到家很难脱去从工作中带回来的冰冷"外衣"。好像"工作狂""女强人"就应该在所有场合都保持他们"应有"的形象，即使面对家人和孩子也要拼命告诉他们："我很忙""我没有时间""没看到我在为这个家拼命吗，我哪有时间？"

"没有时间"背后的真相是什么？其实是一种对维护夫妻关系、承担家庭责任的逃避。

特别是为家庭提供主要收入来源的一方，在跟另一半吵架时常常会这么讲：我都这么努力赚钱养家了（潜台词：我没有错），你怎么就不能支持我一下（潜台词：你要牺牲自己、承担全部为人父母的责任）？

我遇到过很多杰出的男女企业家和领导，他们愿意面对工作的挑战，但是一旦孩子的问题不好解决时，很快就举双手投降。在他们眼里，经营家庭同时冲刺事业本应该是一件再容易不过的事情，但真正轮到自己时，却往往不知所措。

我的一位朋友曾向我求助。作为科技公司的研发工程师，他正带领团队为一家上市公司工作，每天都要工作到夜里10点多。而仅有的一些休

息时间,他也是跟朋友出去应酬。每当他酒气熏天、拖着疲惫的身子回到家时,老婆已经带着孩子睡着了。有几回,他把老婆推醒了,可是老婆压根儿不理他。

当只能看到老婆的背影时,他心里也警醒过,但是他没有在意,认为这种行为稀松平常,过一阵子就会好转。而且他心里还起了抱怨,认为老婆不能体恤自己的辛苦,自己身负公司的重任,工作前途大好,老婆不是该全力支持吗?

有时,老婆说了几句不中听的话,他也只是脸臭臭地,不吭声。他也知道,他在婚姻里不是很开心,可是具体要说什么,他也没搞懂。更糟的是,他没空和老婆沟通,还一直认定问题是由她惹起的。终于有一天,夫妻闹翻的趋势再也刹不住车。我的这位朋友,像电视剧里一样开始面对"人去楼空"的情境。老婆带着孩子离家那天,在冰箱上贴了一张字条:"如果你不在乎,我又何必在乎?"

一天、两天、三天,老婆离家的日子越来越多,朋友不但想念老婆,也开始想念孩子,以前嫌吵、嫌麻烦,现在就想亲亲他们、抱抱他们。

这位朋友的状况,我称之为"时间的穷人"——我有相当一部分朋友或学员在企业担任高管或者部门主要负责人,我也在私下向他们了解过相同的问题。结果是:大多数人每周工作时间大约占到睡觉时间之外的60%~70%。但仔细思考,扣除通勤时间和午休时间,真正用来工作的应该不到50%。如果再算上节日、休假时间,那么这个数字就更小了。换句话说,将家庭生活不美满归咎于工作压力,只是借口,大多数"工作狂"本可以花在家庭生活上的时间,就算不比工作时间长,至少也应该与工作时间相当。

所以,对大多数"时间的穷人"而言,工作会对私人生活产生直接且负面的影响。如果一个人的工作压力大,而强烈的负面情绪又不断蔓延到私人生活里,必定会造成家庭关系混乱。

爱的土壤：培育健康夫妻关系，让孩子快乐成长

我之后对这位朋友说：

"你很在乎事业，这是无可厚非，尤其趁年轻怎能不向前冲呢？但是，老婆的感觉、孩子的需求，你总不能把它们摆到人生排行榜的最后面吧？这次你终于明白了老婆的感受，回头是岸，把工作的时间和进度做个平衡的安排，并诚心诚意地道歉，让老婆看到你对她和孩子的在乎、你对家庭的看重。负责任的男人不是只对老板、对工作负责，更要学习对心爱的老婆和孩子负责。"

"工作忙""没时间"是最常见的逃避处理亲密关系问题的借口。其实对于这些"时间的穷人"来说，与其说他们没时间，不如说他们没勇气。

有位高管父亲曾向我求助：

"我觉得上班时如鱼得水，但在家里，情况就不一样了，有的家庭事务完全让我不知道怎么办。比方说，我和大儿子很亲，而且似乎太亲了，他很喜欢我，但我觉得他对我过度依赖。小儿子则恰恰相反，他很独立，而且好像刻意避开我。我每次出差打电话回家时，大儿子一定要跟我说话，但是我妻子却得费好大力气才能把小儿子找出来跟我说话。我和小儿子之间的墙似乎越来越厚了。"

这位父亲意识到这个问题差不多三年了，他很困扰，却没有采取任何行动，因为他担心自己若是试图改善，反而会使状况变得更糟，父子之间的问题就会恶化。

很多人常用合理的借口来逃避沟通，却迟迟不去解决婚姻中的问题，很多事业有成的父母应该会觉得以下的故事似曾相识：

两个人结婚后，自然会产生一些冲突。一开始，有些问题浮上台面之

后,夫妻俩会尽早解决,但是有些较深层的问题实在很难解决,此时双方可能以工作太忙为借口,来逃避这些问题。而后,解决方法自然而然地就"诞生"了:只要生个孩子,夫妻俩就不用谈自己的问题了,因为光是孩子的事就足以说上好几个小时。假如一个孩子不够,还可以再生第二个,这样话题一定足够多了。当孩子逐渐成长,双方便在孩子身上寻得无法从另一半获得的满足,以继续逃避潜藏在婚姻里的冲突。

工作和孩子都是父母用以逃避婚姻问题的借口,但这么做相当危险,因为工作和孩子都是正当、合理又完美的借口,只会让两人不断逃避,使问题更严重。在这两个借口当中,以孩子为借口更是危险,因为照顾孩子得花上许多时间与精力,自然就没有多余的力气来经营婚姻了。

我常常看到一些夫妻带着有问题的孩子来寻求帮助,这些夫妻通常很害怕直面婚姻关系中的冲突,总喜欢拿孩子身上的问题当"挡箭牌"。因此,孩子的问题越是有所改善,他们越惊慌失措。因为一旦合理的逃避借口消失,他们恐怕就没理由逃避婚姻里的问题了。

那么,我们要怎么办?我认为,走出以下三步,重回家庭的怀抱。

1. 勇敢应对冲突。

虽然听来有点矛盾,但夫妻若想解决孩子教育中的问题,一定得先相信这些问题是可以改善的。我们都需要用希望来鼓励自己,只要知道应该如何努力、怎么做才能改善关系,希望就会成真。当事人若相信关系可以改善,气氛也对,就能鼓励自己采取必要的努力,两人之间有关教育以及家庭其他事宜的冲突才可能解决。

夫妻双方沟通时,工作忙的一方首先应该放下"我拼命工作赚钱养家,为什么这点小事还要烦我"的心态,这样一来气氛就会变得柔和起来,也能在两人之间营造出信赖感,降低冲突发生的可能。

当双方都进入平等的交流环境之中,更有利于孩子成长的教育方式才能够不带偏见地被讨论和接受。

举个例子说明，如果夫妻有一方或双方觉得有必要沟通时，他们害怕的是什么？在双方情绪越来越激动的情况下，沟通会很快变成交相指责、情绪失控，两人便会立即放弃沟通。而在负面情绪的加持之下，指责和情绪失控会加速形成。

2. 与家人真诚相待。

真诚、自然地与家人相处，你和对方才会知道彼此需要什么、有什么感觉，喜欢什么、不喜欢什么。如果我们回到家把工作时的架子摆出来，家人看到之后自然会觉得受到了伤害。为了表达不满，他们能做的就是也摆出一副无法交流的样子。只有其中一方的态度坦诚无欺，另一方才可能也采取同样的态度。最重要的是，人与人之间只有坦诚相对，彼此之间才会相互信任。

夫妻如果每天都能真诚以对，就会发现两人之间的沟通越来越顺畅。一般来说，之所以产生沟通方面的问题都是因为双方无法坦白，如果双方都能坦白，就算在沟通过程中有些痛苦，也不会因此而逃避，使沟通越来越困难。只有真诚地承认自己在孩子教育上的不足，才能让对方也做出反思并进行改进，最终改变那些你认为对方没有做好的地方。

3. 杜绝"明天再说"。

假设你25岁，已婚，年轻，事业又刚起步。你不断探索自己有哪些专长，想找到适合的工作领域，希望能够年轻有为。但由于工作实在太忙了，私人生活就"明天再说"吧。

过了几年后，你已经30岁，有个三岁的孩子。假如你的事业发展得不错，恐怕工作量只会越来越多；假如工作仍有待努力，你一定还在挣扎着找出自己的方向。不论如何，家庭生活就"明天再说"吧。

35岁时，你达成了初步目标，担任部门副总裁，管理公司最重要的客户。你和老板处得很好，而他说你就快爬到最顶层了。你偶尔会感到莫名的空虚和恐惧，甚至觉得自己提早面临了中年危机。你跟很多其他同年的男性女性一样,想回到家庭生活的怀抱,而且你告诉自己,要过家庭生活就得趁现在……

不分各行各业,很多人都有这样的经验。尽管年轻时必须为了事业牺牲其他东西,但他们都不断告诉自己:总有一天,失去的都可以重新获得。但这是不可能的,有些失去的东西,永远没办法再找回来。你若没办法在25岁与另一半享受生活,没办法在30岁陪孩子长大,等时间过去就再也没有机会了。

如果你知道明天不能弥补今天失去的东西,也知道这么做有什么代价,或许就能明白把握现在有多重要了。

最后,我想说的是,家庭不仅是我们肩负的责任,也是我们前进动力的源泉。很多工作狂之所以会因为忽略了家庭生活感到愧疚,通常是因为觉得自己没能尽责。如果把家庭生活视为责任,而不是快乐的泉源或机会,确实会感到责任重大,为了逃避责任有些人就会找借口待在公司加班。但是,如果我们能学着去享受和拥抱家庭生活,我们就能好好安排工作进度,准时下班。

6

不做爱的"拯救者",让身心回归平常

有很多人去做慈善,做到最后自己身心俱疲,甚至妻离子散,人生惨淡,最后对社会都感到绝望了。他们在外面献爱心,回家却对自己的家人使用暴力,最终导致自己的身心状况也越来越差。

许多老师和心理治疗师也遇到过这样的困境。为什么会这样?因为他把自己活成了"拯救者"。

美国心理学家卡普曼研究戏剧时发现一个三角模型:受害者—迫害者—拯救者。所有戏剧、电影的剧情里,是不是都有这几个人呢?首先得有反派捣乱,这就是迫害者;然后有人受害,这就是受害者;最后有正派英雄出手相救,这就是拯救者。有了这三个角色,戏剧才有冲突,才有看点。事实上,这三个角色是三胞胎,他们同时产生、同时存在,每个人的心里都住着这三个角色。

受害者:代表立场的台词为"我好可怜""我总是受伤"等。这里的受害者,并不代表他真的受到了迫害,而是指那些感受到无力感、无目标感且困惑、没有动力的人。

如果没有一个实际的施加迫害的人,受害者会自行寻找目标,从而把过错都归咎给他方。接着,他再去找拯救者,期待自己可以获救。但拯救和受害者的关系一旦巩固,受害者负面的心态反而会强化,更难脱离负面的心态。

迫害者:代表立场的台词为"都是你的错""我要惩罚你"等。迫害者在整个关系里,扮演一个高高在上、指责、控制的角色。他会成为

受害者的一个借口,变成拯救者讨伐的对象。

拯救者:代表的立场台词为"让我来帮你"。拯救者常常带有正义感,不出手帮忙心里就过意不去。但他的给予却存在负面效果——受害者的依赖,以及他的出现变相地容许受害者不用自己付出努力。

一旦拯救者决定施予"拯救",整个关系的重心便会转移到他身上,而非受害者身上。更深一层的弊端是:人们专注于拯救者的行为时,却往往忽略拯救者的心态。拯救者背后的心理和动机,可能和受害者一模一样——害怕,无力,需要证明。

拯救者同时也可能是受害者,他们处在另一个我们难以察觉的戏剧三角里。

打个比方:我跟老婆约好了去吃饭,结果老婆拖拖拉拉耽误了时间,害我饿着肚子等了很久。我自然会有满肚子抱怨,这时候我是什么角色?受害者!她自然就变成我的迫害者!然后我碰见了同事,他看我很饿很可怜的样子,正好他拎着一堆好吃的,于是便给我吃了。这时候他是什么角色呢?拯救者!

当然不排除会是这样:我很愤怒的情况下,谁给我东西我都不吃,于是我把同事给我的吃的东西扔掉泄恨。这时候同事很伤心,我们的角色就变了。我从受害者变成了迫害者,他从拯救者变成了受害者,然后他回家可能也会变成一个迫害者去伤害家人。

我们每天都在扮演这样的三角戏剧角色。迫害者、受害者、拯救者是同时存在的,而且力量一样强大。所以我们任何时候都不要去做一个拯救者。

在每次公益课的课堂上,第一天我都会跟学员们讲:我们学习的目的是成为一个平常人。不是为了成为"救世主",也不是伟人、高人、圣人,只是平常人而已。

回到刚才这个话题上,为什么很多人在外面做很多慈善,回到家里却

第三章　爱的土壤：培育健康夫妻关系，让孩子快乐成长

经常打孩子？因为他在外面扮演了"拯救者"的角色——外面那个拯救者越强大，他心里的另外两个角色也越强大。让我们想一想，一个拯救者认为自己能够拯救别人，比别人强，所以在外面他都是给予者的角色，他会愿意接受别人的爱吗？不会。

长此以往，他的爱就透支了，自己身心俱疲，然后心里的"受害者"就出来了："我这么伟大，我这么无私，为什么我还那么不开心呢？"受害者角色出现以后，"迫害者"角色也跟着出现："这是不公平的，都是你们害的。"可他不能破坏自己在外面世界作为拯救者的形象。于是所有的情绪都指向了家人，对家人施暴！这就是拯救者的悲剧。

受害者、迫害者、拯救者的三角故事在我们的生活中不断上演，而且我们都会有自己擅长扮演的角色。但不管我们扮演的是什么角色，即使作为拯救者，当我们进入三角游戏之后，我们都会给自己和家人埋下地雷。三角关系一旦建立起来，角色将不断转换，拯救者的介入并不能让其他人好起来，而是把自己一同带入死循环。

三角关系的形成始于受害者和迫害者，作为第三方的拯救者，在介入前应该首先意识到，拯救者并不会改变原来建立起的受害者和迫害者关系。

比如有一位母亲学员，她的丈夫经常因为孩子的种种问题责备孩子，甚至动手打孩子。其实孩子出的问题也不是什么原则性问题，不过是诸如"写字不正""拿筷子不正确"之类的小问题，随着孩子年龄增长都可以解决。但这位爸爸隔三岔五就摆出一副盛气凌人的样子，动不动就责备孩子，甚至在孩子拿不好筷子时用筷子打孩子的手。

这位爸爸的苛责、暴虐、死板和专断使他成为三角游戏中的迫害者，而弱小无助的孩子自然成了受害者。受害者面对压迫，急需一个拯救者的帮助，而这时候孩子的母亲就成了拯救者。每当这位母亲工作加班或外出有事，她就会非常担心在家独处的父子，因为她看不惯丈夫对孩子

的指责和动手，同时也害怕孩子受委屈、伤心难过。

每次她都会安慰孩子并转过头去斥责丈夫，但丈夫的压迫和孩子的委屈并没有消失。孩子在爸爸面前仍然小心翼翼，生怕出半点差错；爸爸仍然我行我素，打压孩子的行为丝毫没有得到改观。

更糟糕的是，这位母亲和丈夫的关系变差了。当受到批评时，孩子父亲就跳到受害者的立场："我这样做是想让他从小就懂事，我难道做得不对吗？"

在丈夫这边，这位母亲变成了压迫者，虽然很讽刺，但角色的转换非常自然。

而孩子这边，有时候由于妈妈没有及时出现，遭到了爸爸的毒打时，他对爸爸的不满也被复制到了妈妈身上："你为什么不回来早一点，你们合起来欺负我一个人吗？"

我们的拯救者没有从压迫中拯救出孩子，却把三角游戏进行了延伸，建立起了两个新的三角。而孩子由于势力最小，在自己的两个三角中，都扮演了受害者。受害者的自信心不断受到打击，导致他们更容易产生"我无法变强，只能受压迫"的想法，并对拯救者产生长期依赖心理，这对孩子性格塑造的危害可想而知。拯救者并没有拯救谁，他们只是一些也乐于进行三角游戏的人。

在面对迫害者和受害者时，我们首先需要意识到：这其实是一个三角游戏的邀请，如果我们对号入座成为那个拯救者，那么只会让家庭关系更糟。

我们能够做的是成为旁观者，不玩三角游戏。

我们要制止的不是迫害者的暴行，也不是被害者的痛苦，而是自己忍不住想要加入游戏的冲动——这也是我们平时常说的不需要去改变别人，只需要改变你自己。当受害者不再有拯救者可以寻求帮助，自己也会从对拯救者角色的依赖中走出——三角游戏便自然无法继续。

在生活中，每个人都不自觉地扮演着这个三角游戏中的一种或两种角色，有的人深陷其中而不可自拔，比如陷入不幸婚姻中的受害者，有拯救者情结的各种类型的助人者，动辄就指责、抱怨、要求别人的迫害者。只有当我们明白，这个三角游戏中的三个角色其实都是我们自己时，才有可能走出这个游戏，从而减少生活中的痛苦和冲突，做回真实的自己。

我们每个人的内心都在上演"三角游戏"这出戏，上演这出戏的目的很简单：为了满足小我被爱、被需要、被认可、被接纳的渴望。当这出戏发展成为一种习惯、一种痛苦的强迫性重复，就会形成不可自控的"施虐—自虐"模式，进而导致心理或人格障碍。

人生如戏，只不过这出戏是在我们不知道的内心世界里上演着。作为普通人，我们常常不自由主地过度入戏，或被各种关系卷入到他人的悲情戏剧中。我们要能够了解自己内心上演的种种无意识的戏剧，有能力从自己或家人的戏剧中走出来，否则，就会成为各种心理障碍和负面情绪的"温床"。

看清"迫害—受害—拯救"的游戏，才能消除家庭生活中过度的"剧情表演"，让我们的身心都回归到一种平常、安静的状态。所谓的岁月静好，无非就是这个意思。

第四章

爱的序位：
理顺家庭关系，让孩子无惧前行

拒绝"爸爸的小棉袄，妈妈的小情人"——警惕子女配偶化

这一章我们来讲家族关系对孩子心理健康和成长的影响。

家庭中的各个成员需要各归各位，父母需要承担起自己应有的功能，这个系统才是健康的。任何次序的越位，都会造成系统的扭曲。在一个家庭系统中，没有人可以独善其身，这是一个连带的效应：任何一个人空间的拓展，都以挤压系统中其他人的空间为前提；任何你没有承担的功能，都会转移到别人身上。

有时候父母会这样向朋友介绍孩子："这是我的小情人""这是我的小棉袄"。其实从心理学角度来讲，这是一种亲子关系的错位，而且风险很大。我们父母不管和孩子的关系有多么亲密，都一定要记住：你们之间是上下级的亲子关系，不是平级的亲密关系，千万不要把孩子当作情人来对待！

"妈妈的小情人"其实就是"妈宝男"。"妈宝男"的特点是什么？即便在自己进入成年两性亲密关系之后，凡事还需要获得母亲允许，而不是和另一半商量解决问题。当另一半抱怨为什么他只听母亲的话时，他会回答："母亲是世上最好的人。"有很多亲密关系都因为母亲的阻碍而告终。其中我听过最震惊的故事，要数结婚后男方在回自己原生家庭之后还要和自己的母亲睡在一张床上，可谓是把"妈宝"做到了极致。

换到女孩身上，我们在影视作品和亲身经历中也不乏这样的事情：当女孩谈恋爱时，父亲总是带着一副嫌弃的表情打量她的另一半，不能让女儿在对方那边受到半点委屈。旁人也常常会开玩笑地说："对他女儿不好，小心他提着棍子来找你！"在这里父亲希望女儿的另一半好好对女儿不假，但他的出发点其实不是希望女儿过得有多么好，而是嫉妒自己一直扮演的女儿的"情人"角色被一个陌生人代替——未来女婿被看成了情敌。这是一种占有欲。

在中国，孩子与父母其中一方过分亲密的现象普遍存在。父母和周围人都觉得这稀松平常，甚至认为这是家庭关系亲密、家庭生活幸福的表现，很少会引起警惕。父母按照自己单方面的意愿来塑造孩子，给他们买父母喜欢的衣服，过度溺爱；或者把孩子看作能够和大人一样思考问题的人，让孩子来解答大人的疑惑，或从孩子那里得到回馈和希望。但痛苦的事实是，这不是一种互惠的关系，而是一种被动的情绪虐待。

父母一方和其中一个子女在感情上过度地纠缠，并把子女视作伴侣一样对待的行为，在心理学上被称为"子女配偶化"。也就是父母在孩子身上寻求陪伴和亲密，甚至做一些反常的接触，比如反复亲吻。

孩子因为年龄小而在家庭主动权中处于劣势，当他们的自我意识还没有完全建立起来时，就受到了父母要与他们建立过分亲密关系的邀请，而他们在无意识中接受了邀请，与父母建立起了这种联系。但是，这其实是作为父母的一方利用了这个关系。

子女配偶化、替代伴侣的情况常常发生在夫妻亲密关系脆弱的家庭。比如夫妻一方不忠、有心理疾病或有酒瘾等。如果有问题的父母一方与孩子建立了联盟，孩子将会随着"问题父母"情绪的时好时坏遭受反复无常的情感对待，但他们却被迫选择站在"盟友"一方无条件保护他们。这对于孩子性格的形成和发展情感交往能力十分不利。

如果孩子与父母中相对健康的一方形成联盟，那么与另一方的隔阂将会日渐加大。原本三个人的家庭关系将会演变成相依为命的亲子关系和一个日渐疏远的"外来人"的关系。外来人逐渐被剥夺亲子关系的机会，整个家庭的生态受到子女配偶化的严重影响。

曾有一位离异的母亲在课上哭诉:"我感到生活没了其他的希望——我没办法想象孩子离开我去上大学后,我会怎样。离婚对我造成了太多伤害。很多个夜晚我都是哭着睡着的。还好,有女儿(六岁)在身边,她每晚都会安慰我说:'妈妈,别哭了,没有他我们的生活也会很好的……'如果没有女儿陪着我,我真不知道接下来该怎么过。"

这位母亲似乎是一位受害者,但当女儿成为她情感支持的"配偶"时,往往会让她对自我产生混淆,同时对父母产生怨恨。虽然孩子当时没有表现出对父母的任何愤怒或不满,但是多年后,在他们身上会出现照顾父母和承担义务的负担,以至于他们在进入自己的亲密关系后仍然无法重新思考,或拒绝父母的无理建议。她甚至会认为,离婚造成母亲的孤独感是自己的责任,自己发展亲密关系或者进入婚姻都是对母亲的违背。

很多孩子长大之后仍然无法建立长期的亲密关系,只要父母不喜欢就只能结束关系。原因往往出于孩子无意中承担的"责任"。当父母长期把情绪关系压到自己的身上时,受到配偶化影响的子女就会觉得情感关系是充满负担的。因此当他们在与伴侣发展亲密关系时,不论发展到哪一个阶段,一旦觉得自己有负担、有压力,他就会联想到自己曾经跟父母相处时的感受,然后想要赶快抽身——就算当事人自己意识到这种情况,或是早就不跟父母住在一起了,类似的情况也很难改善。

还有一种家庭,父母性格差异很大,也看似相处融洽。但问题是,父亲对女儿过度关注。这是因为父亲认识到自己无法改变真正的配偶,所以转而把塑造自己理想配偶的希望转嫁到女儿身上,甚至把对自己真正伴侣的抱怨发泄在女儿身上:"看来你和你妈一样也是个懒骨头!""别像你妈一样多管闲事!"

在这样的父女关系中，女儿往往会因为无法达成父亲的期望而沮丧。在自己找工作时，也要把父亲的期望作为首要条件。这样的子女如果违背父母，心中会产生负罪感；如果按照父母要求做好，又无法实现自己的愿望，自己存在的意义就会被质疑。

子女配偶化进一步发展，就变成了"情感乱伦"。即在情感上父母已经把孩子当作配偶。虽然这与肉体接触无关，但在情感乱伦的家庭关系中，父亲或母亲把他们本应从成人关系中寻求的情感支持转嫁到孩子身上，模糊了孩子与大人之间的界限。父母长年和孩子交流自己的工作、人生计划等，甚至经常向孩子抱怨，但是孩子此时并不具备能力去应对这些问题。异性的亲子双方将这种情感依恋长期发展下去，孩子就成了父母一方的配偶替代品。同性的亲子双方长期发展下去，就成为好哥们儿或好闺蜜；但有一种情况相当严重，就是将孩子投射成异性伴侣，比如妈妈离婚后跟女儿生活在一起，然后把女儿当作"异性伴侣"，女儿在内心可能也把自己设定为"男性"角色。这有可能会导致女孩日后发展成同性恋。

值得注意的是，在大多数情况下，培养情感乱伦关系的父母并没有意识到他们行为的影响，也不打算伤害他们的孩子，但影响和伤害却是一样的。

作为情感乱伦关系中的孩子，他们是被父母当作知己或情感支持的人。被置于这个位置的孩子可能会感到特殊或拥有特权，因为父母与他们分享成年人的信息或正在寻求他们的支持，从而产生亲密感。然而，处在父母强烈情感需求中的孩子自身真正的情感需求会被忽视，取而代之的是对父母情感需求的回馈，长期发展下去，这可能会产生毁灭性的后果。

当家庭生活中出现亲子关系过于亲密的现象时，我们应该及时"刹车"，避免亲子关系向着配偶化方向发展。

假如我们和孩子的关系过于亲密了，我们需要仔细思考：我们是否已经把孩子当作成年人甚至伴侣来看待了？是否在期待孩子对你的爱进行等价的回馈？如果有，那么我们应该意识到，这样的相处方式在未来会对孩子的人格造成影响。

我们和孩子的所有对话，都要注意其中是否有他们这个年龄不应该接触的信息，比如你工作中的不顺，和另一半的情感纠葛，等等。因为这些信息和问题都是我们应该和自己真正的另一半交流探讨的，而不是把年幼的孩子放到和你相同的高度代替你的另一半。

如果孩子已经成年，我们对孩子已经有过长期的"配偶化教育"，那么我们应该尝试磨平配偶化对他们的影响。如"妈宝男"的妈妈应该承认过去对孩子的配偶化表现，并对过去给孩子情感和生活造成的损失进行真诚的道歉，同时告诉孩子自己日后会如何调整，逐渐跟孩子建立界限。让孩子放下对自己的亏欠感，心无负担地去追寻孩子内心希望的生活和亲密关系，也让孩子越发独立，对自己的人生负责任。

做父母的需要认识到这样一个事实：孩子的配偶化在情感上会带来终身的不良后果。我们如果不想让这一代的问题延续到后代身上，就必须放弃从孩子们那里获得情感支持的想法。

2

当孩子试图"主持正义"——避免孩子成为父母的协调人

不少爸爸妈妈之间有矛盾或沟通不畅的时候，会习惯性地让孩子帮他们传话，他们自己并不做直接的沟通。

于是孩子就成了父母的传话人或者关系协调者。有时候即便夫妻双方就在同一个房间里大声说话，也要通过孩子来传话。孩子则犹如风箱里的老鼠一般，两头不讨好。

有的孩子可能很懂事，比如说当妈妈对孩子说："去告诉你爸，他太不像样，早点滚回来吃饭！"可孩子却拿着一个苹果给爸爸说："妈妈说你这几天辛苦了，让我拿个苹果给你吃，妈妈等你回家吃饭。"

这种孩子看起来的确很"懂事"，可是父母更要小心了，他未来有可能成为一个"不幸福的外交官"——八面玲珑但没有原则的人。孩子从小就要照顾多方利益和感受，却忽略了自己的需要，因而享受不到自由任性的童年生活，这样的孩子是生活在一个"灰色的童年"里。

不过，这样的"懂事孩子"还是少数。在这样的家庭关系中，绝大多数的孩子，会是另外一种结果——父母的矛盾让孩子承受巨大压力，为了平衡父母矛盾，孩子原本正常表现的能力和自由被剥夺。比如有些妈妈，家里需要用钱不自己直接去问先生要，却派孩子去要——你自己都不愿意开口，那孩子会不会更怕去要这个钱？

有一次我在一个电梯口看到一家三口，孩子上小学二三年级的样子，父母阴沉着脸。孩子拼命要把父母的手拉到一起，但爸妈偏偏不要，非常抗拒。当孩子肩负着让父母和好的责任却又无能为力,他们会多么沮丧啊!当承受了不必要的责任,却又无法成功履行责任,孩子们会受到多么大的打击啊!

当孩子发现父母关系出现问题时,他们会有意无意去地做各种各样的事情,让父母把吵架的精力转移到自己身上,从而平衡父母关系。比如孩子生病了,父母一定会暂时放下矛盾来照顾孩子。那么在孩子在没生病时会怎么办?假装生病,大哭大闹,因为这样会让父母紧张,不再吵架。孩子像是一个船夫,家庭这艘小船不稳定了,他们就会出来平衡一下。

健康家庭的孩子,不用消耗精力去协调父母关系,他的全部精力都能用在成长上面。而在不健康的家庭环境下长大的孩子,就要尽一切可能——包括常常做一些不对的事——让父母注意自己。他们情愿自己被骂,也不希望父母吵架。或者会拼命地让自己变得更好,然后换取父母亲关系的平衡。

当父母把孩子招到身边,向他们抱怨另一半时,父母其实把他们视为和自己平级的关系,一个孩子在心理上担负起了父母的朋友、兄弟姐妹的角色。孩子想要帮忙解决问题,但现在对于他们来说解决这样的问题还为时尚早,他们也解决不了。这样下去,他们的精力就会很快被消耗,没法健康地发展自己。

孩子在父母的争端中扮演的另一种可能角色是"法官"——这种孩子常常被我们说成是一个小大人。换句话说,在这样的家庭里,父母像是孩子,孩子像是长辈。当父母吵架的时候,孩子会用长辈的语气来教育他的父母。有时候,爸爸妈妈会很骄傲地向别人去炫耀:"你看我的孩子多懂事儿,我们俩吵架的时候,她会跑出来跟我们语重心长地讲道理,说话的口气俨然是一位长者,真是少年老成,以后一定会很有出息。"

其实这很危险。因为孩子已经把自己凌驾于父母之上。他不能尊重自己的父母,未来他走向社会要如何尊重长辈,如何尊重领导?孩子就要有孩子的样子。如果孩子太懂事儿了，你反而要小心这种"懂事儿"——他是真的很有天赋和智慧呢，还是因为家庭的次序错乱？

当孩子成为家里的"法官"，看似父母之间的矛盾得到了缓和，但整个家庭的次序却不再正常。父母仍然处于平级关系，但孩子却成了主导家庭对错走向的"领导人"。原本应该父母共同教养孩子，现在却变成了孩子从更高处指导父母的言行。

孩子在父母的矛盾前有多重表现，或是被迫依附一方排斥另一方，或是长成"小大人"想方设法缓和父母矛盾，再或是小小年纪做起"一家之主"来评判父母谁对谁错，这都不是小孩正常长大应该有的发展路线，而这所有问题的根源都在于父母推卸了原本属于自己的责任——自己处理问题与矛盾。

避免让孩子变成"法官""小大人"，父母需要对家庭中情绪的流动保持充分的觉知。

中国父母产生矛盾的时候，很少考虑到要避开孩子，这是不对的。首先父母有情绪，其次父母不敢在"应该表达的时间"，在"应该表达的人"面前表达情绪。但所有这些压抑的、无处表达的情绪，它们不会凭空消失，它们需要在家庭这个系统中占有一个位置，需要有人来承接，于是，它们被扔到了年幼的孩子身上。

孩子作为未成年人，自我边界是模糊的，所以，孩子经常会有"替父母受过"或者"替父母出头"的心理倾向性。他们模糊的自我边界，也无法抵挡父母无意识扔过来的这些负面情绪。孩子在被迫接受处理父母矛盾的责任，同时他的心中也有恨。

这无异于一场家庭的"合谋"。父母把情绪扔出来，孩子被迫或为了"主持正义"而接住情绪。

在这个环境中长大的孩子，如果他们又是传统意义上的好孩子，那么他们潜意识会高度认同父母，因为他们深爱着自己的父母，就希望自己能够保护好自己的父母。这个时候，承担父母的情绪，就是一个自然而然的过程。但孩子们并非主动愿意，只是在心理尚未发育成熟之前，他们没有能力去拒绝。

孩子因为被迫替父母思考问题而过分懂事，可能会经常把对父母的不满压在心里——很多时候，孩子甚至意识不到这种不满情绪。对于这样的情况，父母往往会欣喜于孩子的懂事，却不知道这样的孩子其实是在压抑自己正常的心理发育，从而难以真正长大。

所以爸爸妈妈们，请别再把自己的情绪扔给孩子，把对公正的期待暗示给孩子。父母要面对自己的问题、角色、功能、情绪，孩子不能真的"替父母主持公道"或者"替父母出头"，这才是一个家庭系统中，对孩子最重要的保护。

夫妻的问题不需要孩子参与解决，父母们需要解决好自身的矛盾，才能避免孩子自主进入夫妻关系平衡者的角色。夫妻之间也要想办法维持一个平等的关系，既不是把对方看得高高在上，也不是把对方踩在脚下，相互尊重地满足彼此的需要。当夫妻敢于在平等的语境中互相表达彼此的想法时，孩子才不会被迫加入。

不让孩子变成父母的协调人，是对孩子的最基本尊重，也是对孩子成长的负责。

当爷爷奶奶成为"心理父母":如何解决隔代抚养难题

在"80后""90后"一代的家长当中,非常多的家长尤其是爸爸都不陪伴孩子,而孩子通常由爷爷奶奶来带。这些"80后""90后"的爸爸妈妈在童年时,有相当一部分也经历过跟父母分离、被爷爷奶奶或外公外婆养育的经历。

如今,从前的"男主外、女主内"的家庭模式——爸爸外出工作赚钱、妈妈在家照顾孩子——到他们这一代已经逐渐减少。而且,现在很多城市年轻夫妻还面临着住房、育儿的经济压力,因此父母都需要外出工作,使得家庭成为双薪家庭,无暇给予孩子日常的教养。

这时候爸妈们的爸妈就出现了。他们会主动要求在家带孩子,而我们的年轻爸妈们也欣然接受——自己可以安心上班,孩子也能得到爷爷奶奶的妥善照顾,何乐而不为?但是一心忙于工作的爸妈把教养孩子的任务交给孩子祖辈时,隐患也悄悄埋下了。

上个月刚好有一位母亲给我讲了隔代抚养给她造成的难题。

这位妈妈和丈夫一样平时都需要上班,婆婆就来到他们家中给他们带孩子。一起来的还有保姆,保姆本来是丈夫雇来照顾婆婆的,现在也一起过来照顾孩子。

之后,这位年轻妈妈经常会遇到一些由于教育观念不同造成的问题。

比如孩子奶奶认为养孩子如养小猪,吃饱睡好玩好,一切就好。她告诉老人要按照一些科学的育儿方法来养育孩子,可老人根本听不进去,觉得太矫情。天冷的时候,奶奶让孙子吃好多肉,然后给他穿厚厚的大

第四章 爱的序位：理顺家庭关系，让孩子无惧前行

棉衣。这位妈妈急了，她觉得孩子应该少吃油腻、穿得别太厚才健康。

不仅如此孩子每次打疫苗，婆媳俩也会闹一次。奶奶觉得：孩子能有啥毛病？打预防针还挺疼，何必让俺宝贝孙子老扎疫苗针？孩子妈妈气急了，觉得婆婆简直不可理喻。

孩子也不小了，眼看就要上小学，妈妈想让孩子上名校，奶奶觉得这媳妇就会砸钱，进了名校就咋样？关键是孩子自己肯学习、爱学习。婆媳二人因此互相看不惯对方。

这位母亲还经历了让她更为难过且震惊的事情：

有一次加班回到家，老公也不在家，发现孩子独自一人在沙发上看电视，婆婆也已经睡觉了。我让孩子快去洗洗睡吧，结果孩子看着动画片正入迷，完全不搭理我。我再三劝说他也不回应，情急之下我只能把他从沙发上拉起来让他洗漱。结果让我震惊的事情发生了，孩子居然给了我一巴掌，然后跑进奶奶房间把门关上了。

这位母亲还说，在这之后孩子就躲着她，对她说的话也是爱答不理。她每次要跟孩子讲道理，孩子就跑到奶奶怀里；而奶奶也纵容孩子，不让她教育孩子，于是婆媳关系也越来越差。

这位母亲的遭遇，想必我们都亲身经历过或者在电视剧中看到过，这就是我们中国传统的"隔代亲"现象：孩子从小跟祖辈生活在一起，习惯了接受他们的袒护，养成一些父母看不惯的行为习惯——而祖辈并不会纠正他们，因为在他们眼里这是合理的。当父母们想要在教育上接管孩子，他们往往会急于纠正孩子的不良行为，而老人对孙辈是天生溺爱和护短的，这就造成父母和祖辈对立、孩子和父母对立。

孩子无法接受他们亲生父母的要求和批评，并且在受到批评和教育时极容易产生巨大的反作用力：孩子暴跳如雷，转身去找更爱他们的祖父

母或外祖父母。这样的对立会让孩子更加疏远父母，父辈和祖辈之间角色的错乱引发了非常之深的家庭矛盾，更严重的是影响到孩子的成长。

隔代抚养对孩子长大后的影响也是巨大的，如果父母把年幼的孩子交给祖父母或外祖父母来带，并且和孩子在一起的时间或交流时间很少，极容易让孩子感觉不到父辈的职责所在，形成"母爱剥夺"或"父爱剥夺"。

这样的孩子难以与祖父母/外祖父母之外的其他人建立起亲密关系。他们害怕失去祖父母/外祖父母，但这个过程随着孩子的长大和祖父母/外祖父母年龄的增加而变得不可避免，于是孩子们就会无比沮丧。

我们处理过的许多隔代养育的心理治疗案例中，有不少这样的情况：当事人因为幼时的监护人祖父母/外祖父母去世，觉得这世上最爱他的人离开了，在内心中产生了一种"跟随"现象，即"爷爷/奶奶/外公/外婆，你们把我也带走吧"。当一个人对去世的至亲有这样的"跟随"心理，就很容易患上抑郁症。

当孩子稍大一些，需要完全回到父母身边时，他们将会遭受和"心理父母"——祖父母/外祖父母的分离伤害，这样事情将会进入到一种错综复杂的"错位—归位"过程。幼小的孩子心智不足以接受并分清楚谁是真正的父母，他们将会很难再适应和父母之间的关系，接受父母的教育。

我和这位母亲说，要把孩子"赢"回来，首先不是要找孩子的麻烦，让孩子听命于自己。而是和婆婆建立良性的交流，让她帮助你和孩子。比如可以给老人讲一些新的育儿理念，在家里放一些育儿方面的书籍，当老人在家没事的时候就可以翻来看，给婆婆的观念"升升级"。和婆婆的沟通，丈夫在中间的角色非常重要，要借助老公的优势让老公做婆婆的工作，缓和婆媳关系。

说到这里，我其实特别理解老人的心理。老人离上一次看着他们的孩子长大已经过去了二三十年，孩子的降生让他们看到了新的希望，"抱孙子/外孙""抱孙女/外孙女"可以让他们重温过去的美好时光，因此

第四章 爱的序位：理顺家庭关系，让孩子无惧前行

照顾孙辈的工作让他们如获至宝。同时他们也会把当年没有做好、做得不够的地方加倍地释放给孙辈，其实只是他们对年轻时候做得不够的一种补偿方式，这就形成了溺爱或是不那么跟得上时代的教育行为。

这时父母需要积极地和祖辈沟通，从而达到对孩子教育思想的统一。两代人对孩子教育的方式往往存在质的差异，年轻一代更加注重孩子个性的发展和智力的培养，而祖辈的想法则是让孩子物质生活充裕、教育他们吃苦耐劳，等等。两代人应该在教育孩子方式方面形成统一，择善施教。如果无法形成统一，祖辈无法分清楚爱和溺爱之间的界限，父母需要有主导孩子教育的意识，避免祖辈错误的教育方式影响到孩子观念和习惯的形成。切记不能在孩子面前暴露父母和祖辈之间的教育观念分歧，如对祖辈说"这都是你们惯出来的""孩子吃得这么胖"之类的话，这会伤害到祖辈，并引发孩子被迫站队。

父母一定不能忘记，自己才是家庭中孩子教育的主导者，祖父母/外祖父母再关心孩子，他们也只能作为辅助者来参与其中。爸爸妈妈不管多忙，都要抽出时间和孩子在一起，不要把对孩子的教育权、抚养权拱手让给祖辈。这既是对孩子的不负责，也是对老人的不负责。

在统一教育思想和原则的同时，父母们应该树立自己在孩子心目中教育权威的形象。祖父母喜欢包办孩子生活上大大小小的各种事务，这样非常容易让孩子养成不劳而获的习惯，失去生活的自理能力。孩子的自理能力应该从小培养，让孩子承担力所能及的家务劳动，并能够有为别人着想的自我意识，这对孩子动手能力和共情能力的发展至关重要。因此当父母对孩子进行成长教育时，祖辈不应该出面干涉，这一点，应该包含在两代人对教育孩子方式的共识之中。

只有父母在教育方面给孩子树立"权威""可信"的形象，孩子才不至于出现只听祖父母/外祖父母的话而不听父母的话的情况，而是慢慢懂得尊重父母。

综合而言，不管失败的案例如何多，我们都不能完全否定隔代抚养。让身处隔代抚养中的孩子成为教育的失败品，责任最大的还是父母。因为他们忙于生活，没有给予孩子足够的共处时间，没有把合适的教育带给孩子。祖父母/外祖父母没有错，只是他们的观念已经无法适应当今社会的发展，他们不应该受到不愿意分配时间给孩子的父母的责备。

不管怎样，一切都是因为对孩子的爱。

如果冲突在所难免，父母们应该多和祖辈沟通，谁也不要固执己见。客客气气地和祖辈耐心探讨，让祖辈多接触一些新的育儿理念和方法，让他们在父母不在时能够给孩子更好的教育。父母需要尊重祖辈的意见，但一定要知道，父母在孩子教育问题上应该保留最终决策权，养孩子是自己的责任，不是祖辈的责任。

隔代抚养并没有对与错，只是看父母亲怎么去对待及掌握分寸。在和祖辈充分沟通的基础上，父母每天都应该尽可能地抽出时间和孩子共处、谈心，及时发现问题并解决问题。如果放任孩子的问题不管，孩子的教育问题将会演变成父辈和祖辈之间的矛盾，不利于小家庭和谐，也会影响到家族和谐。而且孩子一旦从幼年期养成不健康的观念和习惯，父母将来会需要花大量时间和精力去纠正。

父母的陪伴对孩子的童年来说是不可或缺的。不管祖父母/外祖父母是否帮着带孩子，祖父母/外祖父母是否给予了孩子正确的教育，你们和孩子之间的亲子教育都是不能缺席的。因为一旦父母缺席，孩子的人生中将会出一个永远都填不上的洞。

爱的序位：理顺家庭关系，让孩子无惧前行

"我把儿子弄丢了"：避免家族成员替代父母的角色

这是一个"抑郁"流行的时代。很多父母找到我，都是因为觉得自己的孩子得了抑郁症，然后问我该怎么办。

我的第一个回答往往是：我不知道。

我是真的不知道。因为每一个所谓"抑郁"的孩子，都面对着不同的家庭环境、亲子关系等问题所带来的挑战。在没有搞清楚抑郁的原因之前，我不可能直接给出建议。

而且，大部分认为"孩子得了抑郁症"的父母，都是在逃避自己的负罪感——将孩子出现的"问题"归结于"得了抑郁症"，潜台词其实是：孩子出了问题，与我无关。

来访者小玉就是这样一个案例。

她的家庭经济条件很好，丈夫事业有成，人也很温柔、善良，一直很宠她。大儿子17岁，小女儿4岁，一家4口过着让亲朋好友艳羡的生活。但这个看似美满的家庭，内在却埋着一丝阴翳。在小玉的描述里，问题出在大儿子身上。儿子天天打游戏打到凌晨三点多。儿子高一读了两年，因为读的是国际学校，学校全部是外教，儿子英语底子差跟不上，只好重读一年。但他还是跟不上，最终被老师停课。停课之后儿子也不愿回家，小玉只好在学校旁给他租了一个房子。就这样，一个17岁的孩子便开始了"沉迷网游"的宅男生活。

妈妈觉醒，孩子幸福：给孩子一个更好的原生家庭

下面是个案访谈的过程：

问：儿子是从什么时候开始变得贪玩和叛逆的？

小玉：初三的时候，他有三个月压根儿就没去上学。我们在金钱上对他一直是很大方的，想要什么基本都会给他买。初二的时候，他买了一台改装自行车，买了一个月就没了，他说是被偷了，后来才知道是被校外青年勒索去了。当时这个事儿就这么过去了，我也没有特别在意。但初三的时候，学校里又发生了几次敲诈勒索事件，虽然没轮到他头上，但他非常害怕，就拒绝上学。

问：你们是怎么处理的？

小玉：他在学校很害怕，回到家就耍脾气，怎么说都不听。我姐姐就觉得我和老公太溺爱他了，就让我和老公揍他一顿。于是我也怂恿我老公打他。我老公是温文尔雅的一个人，平时都不太会发火，但是在我的挑唆下，生平第一次揍了儿子。

问：你姐姐跟你的关系怎么样？

小玉：我姐姐跟我关系很好，现在就住在我家里，平时帮我带老二。女儿跟她姨妈比跟我还亲，摔跤了第一时间都是找姨妈，不找我。

问：儿子呢，你姐姐也参与他的成长了吗？

小玉：嗯，儿子我基本就没怎么管他。因为他骨子里比较像他爸，很温顺，我一直觉得我不用管，他也可以很开心很快乐地成长。我在外面的事情又多，可能连抱他的时间都没超过一个小时吧。这么多年自己过自己的日子，还挺顺风顺水的。

问：所以你看到自己的问题了吗？你对外显现得很独立、很强势，但在很多重要的事情上你都不去做，都是看着别人做，老公做、姐姐做、妈妈做。

小玉：是的，这次出来我的行李都是我姐整理的。

爱的序位：理顺家庭关系，让孩子无惧前行

小玉家庭出现的问题，虽然表现在大儿子身上，但问题的根源却在小玉自己。在小玉的家庭中，姨妈对这个家庭的影响远远大于小玉，而且是一种负面的影响。姨妈通过小玉影响到小玉的老公，进而决定了整个家庭的走向，而小玉全程只是作为一个传达者的角色而存在。

实际上，小玉对儿子人生所做的所有安排都是无效的，因为她过去从未安排过，之后也安排不了。对她的儿子来说，这个"家"并不是一个家的模样：母亲的角色缺位，而姨妈以一种不健康的方式替代了部分的母亲角色，并对所有家庭成员的生活构成了影响。

这是典型的父母缺位导致孩子出现了分离创伤，就是我们在前面讲到的"亲子中断"。

我对小玉说，儿子现在这个状态，你对他的影响力是很有限的，因为在他的成长过程中你一直是缺位的，需要很长时间才能修复这段关系。但你的女儿还有机会，前提是让你的姐姐从这个家庭中退出。

然后，我跟小玉一起探讨了事情的解决方案：第一，"姨妈"必须退出，这样家庭关系会更和谐。第二，至于儿子的命运，其实已经超出小玉能掌控的范围。鉴于家庭中父子关系要好于母子关系，我建议小玉让丈夫多参与到跟儿子的互动中去，看看父亲能给儿子提供什么样的支持。

假如儿子不适应国际学校，那是否可以考虑给他换一所学校。因为人最基本的需求就是安全感和价值感，越是在现实中找不到成就感的人，越会在游戏世界里寻找存在感——这是儿子沉迷网络的根源。小玉夫妇将儿子放置到一个标准过高的环境当中，其实是伤害了孩子的自信心和价值感。游戏只是儿子寻找自信的一种方式，但完全可以有更多也更健康的选择。

孩子的世界绝对没有我们想象的那么简单，他们承受着来自各个方面的压力，学习真的仅仅是一方面而已。当孩子无法处理各种事务时，往往会退回到自己的世界里，退回到网络中。想把孩子从网络中领出来，需要父母用心去聆听、观察、揣摩，并且和孩子进行有效的沟通。简单粗暴的无效交流只能增强孩子的无助感或逆反心理。

至于未来孩子究竟会做什么，取决于他最终能否找到自己真正的天赋特长，小玉夫妇需要做的是让父亲多陪伴儿子去探索，引导他走向更健康的方向。

至于小玉自己，则最好不要对儿子的探索进行干预，因为这时的她对孩子已经是"最熟悉的陌生人"，再进行干预很可能会起反作用。她真正的对手，其实是她自己与姐姐的关系、与原生家庭父母的关系。只有做完这一个功课，小玉才能重新梳理自己跟女儿的关系。只有这样，这个家庭才会慢慢好起来，儿子跟这个家的联结才会更深。

在我们的生活中，父母缺位时有发生，而父亲缺位的情况似乎发生得更多一些。当缺位者忙于事业、陷入自我满足时，孩子的爷爷奶奶、外公外婆、叔叔阿姨甚至孩子自己都会自然而然地填补这个空缺，从而让家庭进入一种看似稳定的伪平衡。而孩子的父母同辈由于年龄、处事经验相近的原因，一旦代替父母的角色，给家庭的影响是巨大的。父母应该从孩子小时候做起，防止同辈监护和隔代监护的产生，这样才能避免青春期孩子难以管教的窘境。

5

"无厘头的愤怒"来自哪里：家族中的情绪双重转移

在和另一半或孩子相处时，我们每一次的情绪表达都是我们自己真实的感受吗？你有没有遇到过，有时候另一半突然会无缘无故发火，或者自己有时候也不知道为什么，突然就情绪失控？

其实每一次"无厘头的愤怒"，都是我们进一步了解自己、了解家族关系纠缠的好机会。

曾有一个刚和女朋友分手的男孩找到我。他说和女朋友在一起很多年了，感情一直很稳定，但由于近期他的一些问题导致他随意对女朋友撒气，最后俩人大吵一架，不欢而散。

"你都是在什么时候和女朋友发脾气的？"

"任何我们有对话的时候，尤其是在我告诉她我外婆得了癌症之后，她来安慰我，我对她的愤怒反而变本加厉。"

"能具体讲讲吗？"

"我小时候有几年是跟外婆一起住的，外婆对我很好。外婆和舅舅住在一起，妈妈和姨妈每周末都会过去一趟陪陪老人。直到有一天妈妈无意中听到舅舅对外婆说：'你也不看看现在房产证上写的是谁？'一年前外婆把房子过户给了舅舅，不管舅舅因为什么对外婆说出这种话，这都不该是儿子对母亲的态度。后来妈妈也让外婆到我家来住，但外婆还是坚持要和儿子住在一起。

妈妈觉醒，孩子幸福：给孩子一个更好的原生家庭

"我知道外婆患病的时候，她已经是癌症晚期了，我也已经大学毕业在北京工作了。每天想到外婆难受的样子我心里就非常痛苦，女朋友问我怎么了我也不能隐瞒。但她安慰我时刚好触动到了我的某个神经。她越是说'外婆会慢慢好起来的'，我心里越是想到外婆患的是不治之症，以及由于舅舅一家的贪婪让她晚年过得非常不愉快。有一次我把女朋友给我盛的饭打翻在地，现在想想真是后悔，她和我非亲非故，为什么要无缘无故承受这么大委屈？"

在上面的案例中，男孩的脾气来自外婆痛苦情绪的转移。舅舅给外婆造成了伤害，外婆为了坚持"和儿子生活在一起"而承受莫大的委屈；癌症对外婆身体造成了摧残，当今的医学水平并不能拯救外婆，外婆已经时日无多。面对儿子和疾病，加上老一辈隐忍的处事方式，外婆并没有地方可以发泄。这些外婆无力表达的愤怒都被男孩"继承"了下来，加上远在北京，这种愤怒就只能对身边的女朋友发泄了。而发泄之时，他并不会意识到，这种愤怒除了不该发泄到女朋友身上，其实根本也不来源于自己，而是转移自外婆可能有过的痛苦。

愤怒的情绪最终并非被发泄到痛苦施加的来源者身上，而是和痛苦来源没有任何联系的无辜者身上，即感觉的客体发生了转移；而发泄者的愤怒也并非是为了自己，而是在代替冤屈应当得到伸张的人。这里转移的是感觉的主体。双重转移，即产生感觉的主体和客体都发生转移。

双重转移理论的发展者海灵格在《爱的序位》中说道："在双重转移当中，感受被转移到别处，通常都伴随着巨大的痛苦和无力表达的感觉。这些感觉被后来的人或群体所继承，他们在毫不知情的情况下，把前人的感受当成了自己的感受。"

情绪上的压抑往往出现在家庭中最缺乏捍卫自己能力的人身上，在大多家庭中即为孩子。孩子的感觉产生双重转移，共伴随着两次转变：第

一次转变,孩子会通过识别受压迫者的情绪将自己代入受压迫者的角色;而当自己替受压迫者积攒得情绪过多时,第二次转移随之发生,情绪被表达给一个无辜的人。当他们发现这个无辜者并没有和自己心意相通或有疏离感时,愤怒就会呼之欲出。这样的问题并不是家庭中某个人的问题,而是全体家庭成员都需要为此负责。

父母对彼此、对孩子之间的许多情绪都源于双重转移,但很多外人都看不明白原因,甚至连他们自己也不清楚哪来的这么多愤怒。这就像皮影戏一样,我们只能看到台上的精彩表演,却看不到背后到底发生了什么。

在双重转移中,我们可以很清楚地看到,被影响的人已不完全是他自己了,而是认同了另外一个人。认同的意思是你具有了你所认同的那个人的感觉,你所感觉和所表现的,就好像那个人的感觉是你自己的。你不会把你所认同的那个人视为分开的实体,甚至连你自己也搞不清楚到底是怎么一回事。

夫妻之间大部分极端严重的问题,都是来自双重转移的问题。只有察觉、认同并解决它,才可以有好的伴侣关系。在对上一辈的痛苦的认同之中,处在双重转移中的人活在陌生的世界里,失去了自己而成了陌生人;他看不到伴侣的本来面目,和伴侣之间的距离在无意识中逐渐增大,而在伴侣身上看到的也是陌生人,所有的一切都扭曲了,关系随之走向结束。

最严重的是,当脆弱的孩子成为双重转移的对象时,一方面他们无力抗拒,另一方面他们又不明白这股愤怒情绪的来源,就会对其心理健康造成极大的伤害。

孩子的情绪问题,除了来自父母、直系亲属、旁系亲属,甚至能来自完全没有血缘关系的人。充分察觉、梳理并消化家族历史中的各种情绪纠缠,才能还下一代一个清静、健康的成长环境。为人父母,这也是我们平时很难注意但不得不去了解的一点。

6

画出你的"家族树",看清家族里的爱恨纠缠

我们都知道,夫妻之间亲子关系的好坏,会对孩子的心理造成直接的影响。

但在一个家庭、家族里,夫妻关系只是其中的一个方面(虽然极有可能是最重要的一个方面)。但另外我们也应该知道,家庭中的其他关系,包括祖孙、叔侄、舅甥等关系,都可能会对孩子的心理造成影响。

多年的咨询经验告诉我,家族里面的细节和丰盛,远超乎我们的想象。

我们都知道,人类是社会性动物。也就是说,人类最重要的社会关系就是一个人的家庭——我们的性格、优势、缺陷和问题,很大程度上都和我们自己的家庭关系有关。一个人呈现出来的问题,某种程度上也是他的家族关系的缩影。好多时候,一个人的问题,可能表面上看跟家庭毫无关系,但根本原因依然是家族关系的困扰——一个能有效帮助我们看清家族关系的工具,就是绘制"家族树"。

将所有的家族关系以树的形式画出来,就是我们的家族树。它是一种可以直观生动展示我们家庭信息的图谱。

站在心理咨询的专业角度,当我们看到一个孩子身上出现了问题,我们不能孤立地认为是孩子哪里不对,而要一层层地挖掘问题背后的心理动因。第一层是看子亲关系,第二层是看父母的亲密关系,第三层就是看家族关系——本书前半部分的逻辑也是依此而展开的。

家族树能帮助我们看见问题最初的根源。

家族树的绘制方式类似生物学上的遗传图谱,网络上可以很容易找到

说明。简而言之,家族树需要至少记录三代家庭成员的信息,以及他们之间的联系,男左女右,老上幼下,横线表示婚姻关系,竖线表示亲子关系,还可以添加各种符号,表示死亡、不良习惯等。如此便可以直观地呈现问题出现的节点和轮回性。

比如我曾经做过这样一个案例。我有位朋友是个老师,带着她的一个学生来找我——一个15岁的女孩。她半年前开始出现逃学、打架、和同学拉帮结伙的情况,还养成了吸烟的不良习惯。

一听到"小团伙",我们可能会认为这些人都是一帮社会上的小混混,是他们带坏了这个女孩。面对这种情况,老师和父母通常会想办法把孩子和其他"团伙成员"隔离开。至于逃学,我们可能会认为孩子和同学关系不团结,或者和老师关系不好,让她转学即可。总之,我们先入为主的、看似明智的做法,就是牢牢把孩子看住,让她变乖。但从心理指导的角度,这种粗暴的做法很可能让孩子的心理状况雪上加霜。

我简单了解了女孩的情况后,认为应该用家族树的方式寻找她问题的根源,于是找来了她的父亲。本着坦诚的原则,我们共同给女孩绘制了家族树。

女孩父亲44岁,母亲很早就去世了,而父亲在那之后有了新的家庭。女孩早年和外婆住,现在长期住校。从老师那里了解到,女孩的问题是从半年前开始集中出现的,于是我问她:"半年前在你身上发生了什么?"

答案符合我的假设,半年前女孩的外婆去世了。孩子受到了严重的打击,而这个消息是在孩子打电话到外婆家再三逼问的情况下,才从亲戚口中得到的。这意味着亲戚和父亲并没有想要把这个消息告诉她,可能是害怕伤害她,但最终还是通过这样的方式告诉她了。

先是幼年丧母,又在少年时期失去了外婆,不单是失去亲人的双重痛苦,更多的是对亲人远去的无能为力。而整个家庭的不告知,又让她产生了愤怒。逃学、打架,恰恰是对无力感的发泄,无法在家庭中发泄的情绪，只能放到学校和外面。

现在我们已经发现了一些"小团伙"外的深层原因。女孩变成今天这样，主要问题来自父亲。父亲过多地把精力花费在新建的家庭里了。他逃避了前妻的死，也逃避了对女儿的教育和关心。

但询问之后我才发现，这位父亲也是一个身世悲惨的人。他的父母在一次交通事故中丧生，而他当时因被父母抱在怀里而幸免于难。每当想到父母的死，他都会痛苦难过。被伯父领养后，他得到了暂时的安慰，但儿时的玩伴——表哥，在上大学之后就和他断开了联系，于是他又变得孤单了。伯父去世后，他开始变得更加孤立无助，在当年就和前妻结婚了。

这位父亲在用快速结婚来逃避自己孤独的现实。而前妻去世后，他用整日喝酒的方式来麻痹自己，逃避前妻的死。在半年之内，他又建立了新的家庭，但这不过是另一次逃避。其中父亲用伤害自己（喝酒）的方式逃避，刚好与女孩养成抽烟的习惯吻合。

从他们的故事中我们可以看出，一个家族面对问题采取的不正确做法，很容易让后代以相同的方式陷入相同的问题。但只要我们能够发现其中的根源和循环，采取措施，我们就能走出这种厄运的轮回，开启我们的新生活。而开始新生活的前提，就是我们能够认识到问题的所在，并竭尽我们所能，用行动去避免它。

我建议父女两人去缅怀一下外婆及妈妈，直面悲伤而不是逃避，让自己的情绪能够流动释放。我们已经找到了女孩显现出来的问题的根源，并要求父女俩勇敢去面对，这样才能从家族爱逃避的轮回中逃脱出来。在心理咨询之后，女孩确实改掉了之前的坏习惯，和父亲的关系也更加密切了。

所以，家族树的绘制，就是一个情绪流动的过程。所有问题都是合理的，所有问题都有存在的合理性，我们不要去否定，而是需要正视它们、

爱的序位：理顺家庭关系，让孩子无惧前行

记录它们。我们的每一个情绪流动都可能是问题存在的关键。为了解决问题，我们需要由简到繁，如实记录。

绘制家族树可以由我们自己完成，也可以在心理咨询师的帮助下完成。但要注意，家族树画完之后，我们最好不要独自进行分析和猜想，最好是通过专业的心理咨询者的协助，一起发现问题并探讨解决问题的方案。更加需要注意的是，我们不能根据家族树来盲目推测别人的问题或缺陷。无论是看到自己的问题还是别人的问题，我们都需要寻求专业人员的解答和帮助。

每个孩子都爱自己的父母，每代孩子都忠诚于自己的家族——这是人类的本能。画出家族树，就能让我们看清家族中"纠缠的爱""卡住的爱"，让爱流动起来、表达出来，这样才能为孩子创造更加健康的家族土壤。

第五章
CHAPTER 5

爱的语言：
学会沟通，让"情感银行"保持富足

学会"一致性沟通",让亲子之间不再有"代沟"

这是一个"父母难当"的时代。

由于心理学的快速普及,无论大人还是孩子都知道:父母"无证上岗"危害极大。社会舆论环境给了父母很大的心理压力。其中,"父母不懂沟通"作为经常被孩子"指控"的一个关注点,尤其让父母头大。

有一位父亲曾经向我抱怨:"现在的媒体实在有点太过了,动不动就说什么'十句破坏亲子关系的话''十个最容易伤害孩子自尊的举动',弄得我七岁的儿子也知道'亲子关系'这个词了。有一次我因为他实在淘气,忍不住打了他屁股两巴掌,他竟然哭着对我喊:'爸爸,你破坏我们的亲子关系了!'搞得我又好气又好笑,再也下不去手了。老师你说,这样下去,这当父母的还能不能管孩子了?"

在场的人听了他的话都哈哈大笑,觉得这对父子真是可爱。

这位父亲的困惑我能理解。在现代社会中,父母的角色被高度期待与要求,当父母的常会陷入焦虑的状态。但"矫枉必过正",过去我们多少年都是在忽视孩子需求、只讲命令不讲沟通的情况下养儿育女的,现在对父母的要求高一点也没有错。

有一位母亲曾绝望地对我讲:"老师,我已经尽力了,您能帮我劝劝他吗?"

"您是孩子的妈妈,为什么不多尝试跟他沟通呢?"

"我怎么说他都不听啊,根本没法儿沟通。我们之间有代沟。"

"代沟"是我最常听到的,也是父母经常用来逃避"沟通责任"的理由。当然,我自己也是一个父亲,非常理解做父母的不易。因为当亲子沟通不畅的时候,确实容易出现"鸡同鸭讲"的局面。

有一位妈妈曾经绝望地对我说:"老师,不管我对儿子说什么,他的回答总是三个词:嗯、不知道、随便啦。你说我该怎么办?"

这位母亲的困惑非常典型。亲子沟通过程中出现的"代沟",往往成为引发父母情绪决堤的最后一根稻草。当父母发现孩子根本不专心听自己讲话时,情绪就爆发了:大吼大叫、胁迫甚至体罚。到了这一步,沟通其实已经失败了。

我们来分析一下这样的亲子沟通为什么会失败。举个最简单、最常见的例子:已经到了要出门上学的时间,儿子还在玩手机游戏。当妈妈要求儿子放下手机、赶紧收拾书包的时候,儿子看了一眼书包,目光又回到了手机上。

妈妈:"听到没有,赶紧把手机放下,再不出门就要迟到了。"

儿子:"我知道,再等一下,马上就打完了。"

妈妈:"我数三个数,一、二、三……"

儿子(焦急):"再等一下,就一下下……"

妈妈(爆发):"你怎么回事儿?!我跟你说了多少次了,怎么就是不听!要不今天别去上学了!你就在家玩一天游戏吧!"

儿子(哭):"妈妈是坏蛋!都怪你吓我,害得我游戏输了!"

妈妈更加暴怒:"你还学会骂人了!"捡起沙发上的抱枕就朝孩子扔了过去。

在这场小小的"家庭戏剧"里,发生了什么?儿子想要上课又想要玩手机,陷入一个两难的境地,本来就很着急,却只能用生气来抗拒。妈妈明明很关心儿子,担心儿子上课迟到,却生气大骂。儿子因为游戏输了感到挫败,就将责任推到妈妈头上。

为什么这样的剧情反复在家中上演?

还记得我们之前讲过的冰山理论吗?我们每个人都像一座冰山,与人互动所表现的行为和所说的话,都只是浮在水面上的冰山一角,还有一大部分藏在水面下,包括我们的感受、想法、期待、内在的渴望等。

也就是说,我们嘴里说出来的话,跟我们实际想要的东西,往往并不一致。无论沟通形态如何变化,我们的目的都是为了保护我们自己。例如,这位骂妈妈是"坏蛋"的孩子,在"冰山"底下的可能只是一个脆弱、害怕受伤的小孩,因为怕受伤,所以先采取攻击,看起来在骂人,实际上是在捍卫自己渺小的自尊。

而这位妈妈呢?也在通过指责儿子,来掩饰自己内心深处缺乏安全感。可能在她的冰山逻辑里:如果连儿子都不听自己的话,那说明自己就是一个失败的母亲。

指责儿子,就是妈妈维护自己自尊的一种手段。

在萨提亚女士看来,我们常用的保护自己的手段有下面四种:

1. 讨好。

在互动中,将权力交给别人,重视他人与环境,不顾自己的感受。存在讨好姿态的人,心中常有"我不重要"的心理独白,习惯没有界限地满足对方的需求,而放弃了自己的原则,所以常会感觉到精疲力尽,最后只能用更多的讨好与让步换取价值感。

2. 指责。

与讨好相反,互动中为了保护自己,常常指责他人,忽略他人与环境,切断与他人亲密的联结。父母运用指责的沟通方式,可以让孩子产生恐惧感,因此可在短时间内获得情境受控的安全感,然而长期下来无法与孩子建立亲密的亲子关系。

3. 超理智。

父母忽略了孩子的情绪和需求，长篇大论地说教，看起来权威十足，然而在互动中，因为只关心事情合不合规定或是否正确，常给人疏离的感觉。

4. 打岔。

打岔是超理智的反面，持此沟通姿态的人不把注意力专注地放在主题上，而是谈论其他的话题，如与主题无关的天气、时事，分散他人的注意力。

这四种沟通形态，我们统称为"不一致沟通"。从人们习惯性的行为表现能很容易地识别不同的沟通类型：讨好型的人往往倾向于让步、取悦于人、依赖、道歉；指责型的人惯于攻击、批判、愤怒；超理智型的人顽固、僵硬、刻板、一丝不苟；打岔型的人不安定、插嘴、打扰、活力过多或不足。这些表现都可以归结为与自我的不一致。

为了更形象地说明这四种不一致沟通类型，我们举个简单的例子：想象你刚刚碰伤了别人的手臂，你会怎么道歉？

讨好型：请原谅我吧，我真的很笨！

指责型：天哪，我怎么会碰了你的胳膊！下次你把胳膊收好，这样我就不会碰到了！

超理智：我希望能向你道歉。我经过的时候无意中碰了你的胳膊，如果你的手臂受伤了，请联系我的律师。

打岔型：咦？那边有人在吵架，一定是撞车了。

一致性：我不小心撞伤了你，非常抱歉，你这里很痛吧？

萨提亚女士曾做过一个经验性的总结：在人群中，无论人们的真实感受和想法如何，总有50%的人回答"是"（讨好型）；30%的人回答"不是"（指责型）；15%的人既不回答"是"，也不回答"不是"，更不会给出他们真实感受的任何线索（超理智型）；还有 0.5% 的人会表现得若无其事、毫无知觉（打岔型）。只有 4.5% 的人是"一致性"的。

那么，不一致沟通会有什么害处呢？

不一致沟通的问题在于，我们都在掩饰、压抑或扭曲自己的情感，不愿坦承自己的感受，而是用自以为高明的办法去掩饰它。例如，当别人做了一件让你愤怒的事，你无法直接说"你这种做法让我感到愤怒"，却要转成一个指责者说："你怎么什么事都做不好。"

这种不一致的沟通让人很压抑，长期下来甚至会造成严重的疾病。因为许多人已经如此习惯于不一致的沟通，以至于他们甚至察觉不到有任何问题，例如一个超理智者认为自己就是毫无情感的，甚至以此为傲。

不一致的沟通事实上伤害了我们和别人建立情感联结的能力，我们试图掩盖真相，我们装作对不喜欢的事情若无其事，将情绪累积在心中，然而不幸的是，这种累积迟早会爆发。

亲子之间的不一致沟通，就会造成我们所谓的代沟。

说白了，代沟其实并非"代"的问题，而是"沟"的问题。如果看不清话语背后的情绪真相和需求，夫妻之间也会有代沟。

以上面的妈妈与儿子因为手机而引发的"战争"为例，如果妈妈能觉察到，原来自己的指责和威胁，是因为害怕孩子脱离自己的掌控，那么她会怎么做呢？如果妈妈看到孩子说粗话背后，是想摆脱挫败感，她又会怎么接招呢？

如果你是这位妈妈，你的做法会不一样吗？

要想解决这种亲子间常见的冲突，我们就要学会一致性沟通。

所谓一致性沟通，就是承认自己所有的情感，能很好地表达自己的想法，同时顾及他人的感受。在表里一致的行为和关系中，可以不带任何评判地接纳并拥有自己的感受，并且以一种积极、开放的态度来处理它们。比如上面举的道歉案例，懂得一致性沟通的人会用很平和、稳定的语调和声音,把内心的想法直接讲出来,不带着讨好、也不带着指责,没有超理智,也没有打岔。

一致性沟通有四个基本的原则:讲事实,不讲评判;讲感受,不讲片面的观点;讲期待与需要;讲请求,不讲命令。

首先,区分事实与评判:事实是客观发生的事件(看到、听到),评判则是我们大脑的猜测。比如:事实是"我看见你拿走了我的水杯",而评判是"你是个小偷",或者"你拿错杯子了"。其实,对方只是看你把水喝完了,想帮你把杯子加满水。

其次,区分感受与观点:讲感受就是描述人身体或心理的感受,比如"我感到四肢发冷"(生理感受)或"我心里感到压抑、委屈"(心理感受)。而观点则是指想法,比如"女人不应该没有教养"。

再次,关于期待和需要:我们的情绪背后,都有一份未被满足的需要,如果能表达出自己的期待和需要,情绪就会流动和释放。我们要清楚地告诉对方,希望对方做什么。如果我们请求他人不做什么,对方也许会感到困惑,不知道我们到底想要什么,而且这样的请求还容易引起别人的反感。很多人感到沮丧或灰心,很大程度上是因为不清楚自己对他人究竟有什么样的期待。

最后,区分请求与命令:请求,是指我表达我的需要和期待,但对方不一定要满足我;命令,则是指对方必须满足我。

一旦人们认为"不答应对方就会受到责罚",他们就会把对方的请求当作命令。听到命令时,一个人只能有两种选择:服从或反抗。因此,当请求没有得到满足时,提出请求的人如果批评和指责对方,那就是命令;如果想利用对方的内疚来达到目的,那也是命令。

只有当对方可以说"是",也可以说"不"的时候,那才是真正的请求。选择通过请求而非命令来表达愿望,并不意味着一旦人们说"不",我们就不再满足自己的需要了。请求意味着,充分考虑别人可以说"不",

而不企图去说服他们。

我们也要接纳别人不会满足我们的一些请求,对于不能被满足的请求,我们可以选择以下三种应对方式:继续一致性地表达请求;自己来满足这个需要(比如对方不给我送礼物,那我就给自己送礼物);接纳现实,放下这个期待。

以下是常用的几种一致性沟通的方法:

1. 表达愤怒。

(1)停下来,呼吸。

(2)自我检视:留意是什么想法让我们生气。"我愤怒,因为不喜欢别人……的行为,这让我……的需要没有得到满足。"

(3)体会自己内心的需要(未被满足的部分)。区分:对方是否有义务来满足我这个需要。比如:对方未经我允许随意使用我的私人物品,这就是对方的问题;可如果我闯进别人的私人空间要用对方洗手间,却被对方拒绝,这时候其实是我自己的问题。

(4)如果确实是对方不尊重我,可以向对方表达:"你做的……(具体的事实),带给了我……(负面影响),让我感到……(难过/愤怒/生气等),请你……(期待:具体要对方怎么做)。"

2. 表达歉意。

表达歉意的基本原则有三个:

(1)为事不为人,即因为这件事情道歉,而不是因为我这个人道歉。人的行为并不等于人本身,不要因为做错一件事情就说"我真不是东西",这样就把整个人都否定了。

(2)做出改进的承诺。正所谓"知耻后勇""过而能改,善莫大焉"。

(3)请求对方原谅。你可以这样表达:"这件事情……(具体事实)是我没做好,对不起。今后我会……(如何改正),请求你原谅我。"

3. 表达感激。

表达感激的步骤：

（1）对方做了什么事情使我们的生活得到了改善。

（2）我们有哪些需要得到了满足。

（3）我们的心情怎么样。你可以这样表达："你做的……（具体事实），带给了我……（我得到的好的结果），让我感到……（内在感受的满足），谢谢你。"

在接受别人的感激时，我们要注意：不要自我膨胀，也不必假谦虚。对接受别人的感激的渴望，是正常的事情。要说明一下，肯定和欣赏是爱流动的开始。

假如我们能够学会一致性沟通，当我们在面对亲子的冲突、面对孩子的哭闹，对自己和对孩子所做的事就会变得不一样。比如，当孩子不听话、不顺从导致自己很愤怒时，与其"原地爆炸"地大吼大叫，不如试着这样做：

1. 呼呼。

深吸一口气，慢速度吐气，唤醒副交感神经，缓和交感神经，让自己不要爆发或逃跑。

2. 看看。

保持好奇，看看发生了什么事：我现在怎么了？有什么感觉？孩子现在怎么了？他是什么感觉？为什么会这样？我们底下的"冰山"可能是什么？

3. 抱抱。

先联结情感，再纠正错误。如果你愿意，给孩子一个拥抱。若被孩子拒绝，可以向他发出邀请："我需要一个拥抱，当你准备好，过来找我。"因为当他们感觉更好时，他们会做得更好，同样，我们也是如此。

4. 说说。

面向孩子，试着表达自己真实的感受，并说出孩子的感受。例如："我现在因为你的行为感到很失望、生气""我知道你现在很着急、生气"。

5. 谈谈。

保持良性对话，与孩子谈谈刚刚发生了什么事，讨论如何可以解决彼此的困扰。

当我们尝试这样做的时候，我相信结果一定会有所不同。

其实，很多时候我们对孩子说出的话里，藏着很多没说出来的需求。往往基于某些原因，我们害怕说出真实的感觉，担心如果坦白了，就意味着自己全身赤裸地面对他人，这样太没安全感。为了保护自己，我们选择用一些方法伪装情绪。

但如果我们愿意再多看看孩子和自己的内心，从心底接触孩子和自己，或许就能够窥见彼此藏在内心深处的需求和痛苦挣扎，以及对彼此的在乎，从而拉近我们与孩子间的距离。

2

看见"顶嘴"背后的需要,不轻易对孩子下判断

很多父母都抱怨现在的孩子都特别爱顶嘴,越来越不好带了。我反而觉得这是一个进步:说到底,还是孩子的心理安全感提高了,敢于向父母提出质疑了。而习惯了下命令的家长,肯定会不适应。家长的手足无措,其实反映的都是父母内心的恐惧。

有位新手妈妈曾向我求助,因为她觉得儿子老是反对她,而且是为反对而反对。问他什么,他总是说"No"。吃菜吗?不吃。出去玩吗?不去。外面冷戴上帽子好不好?不好。

我反问这位妈妈:"你有没有意识到自己说话方式的问题?"

她很不理解地说:"这有什么问题,大家不都这么说话吗?"

我说:"你问儿子的问题,他要么回答 Yes,要么回答 No,没有别的选项。他正处于探索自我的敏感期,需要通过说'No'来体现自己的独立性。下次你可以试试给他出选择题,比如,不是问他想不想吃菜,而是问他想吃什么菜,菠菜、油菜还是白菜?"

就是这样一个简单的话语方式的转换,就能取得非常好的效果。

这种转换,背后体现的是一种换位思考,需要父母站在孩子的角度看见、听见、理解他们的需求,而不是想当然地替孩子决定需求。

我们现在经常说"有一种冷,叫妈妈觉得你冷",讲的就是这个意思。

有一位家长,叫老张。

有一次老张的儿子从学校回来,打开电视就看了起来,一点没有想写

第五章 爱的语言：学会沟通，让"情感银行"保持富足

作业的样子。老张忍了3分钟、5分钟、10分钟，实在憋不住了，问儿子："不是应该先写完作业再看电视吗？"结果儿子竟得意扬扬地说："不知道。今天不用写作业。"老张一听就火大了："什么叫今天不用写？"他立马在家长群里问大家今天的作业是什么，然后逼着儿子先进房间写作业。儿子看老张发火了，也只好乖乖进房间写作业去了。

第二天儿子出门去上学的时候，突然转过头来对老张说了一句："爸爸，都怪你逼我写作业，我都没能练习演讲。"原来第二天班上有个演讲比赛，他是想看电视上的演讲节目。

这是亲子间非常常见的沟通障碍，就是父母很容易根据自己的"以为"来反应。

——孩子不吃饭，我们以为他不合作，不领父母的情，其实他可能只是不饿。

——孩子动作慢，我们以为他拖沓，故意捣蛋，但孩子的动作本来就比大人慢许多。

——孩子不说话，我们以为他同意了，但他很有可能正在思索如何回答，或者正在默默抗议。

像这样"以为"怎样，就立刻进行反应，父母最后很可能连最初引发我们反应的行为是什么都忘了，给孩子带来的创伤却可能会停留很久。

同样地，当孩子在顶嘴的时候，父母可能以为孩子目无尊长，但孩子却可能只是在表达心声。这就容易引发关系中的权力斗争：究竟是你对，还是我对？听你的，还是听我的？我是你爸，还是你是我爸？

很多父母习惯用权威式的命令或发怒的方式来表达，其实都是在试图压制孩子的想法。但事实上孩子常常听不懂父母真正要表达的意思。比如你对孩子说："你怎么一直跟我对着干？"孩子可能会觉得莫名其妙，更加觉得父母是无理取闹。但如果你说："你的不礼貌和不听我讲话，

让妈妈很不舒服。"孩子就比较能理解你在表达什么。

反过来,当孩子在对爸妈大吼大叫时,心里其实是想让你知道他的感受及想法。比如孩子有时候会一边发脾气一边观察大人的反应,其实只是要吸引大人的注意,可能是想要大人放下手边的工作,陪他玩一会。这时如果父母能观察到这一需求,就可以采取相对合理的处理方式。但如果只是认为孩子在无理取闹而去阻止他们,反而会压制了他们正常的情感表达。

在亲子关系里,做父母的无论如何都要比孩子成熟,对彼此的关系也要负较大的责任。当父母面临孩子顶嘴、不听话的时候,一定要从孩子的立场出发想一想,顶嘴、不听话背后的原因是什么。在立刻反应之前,我们应该先确定一下自己所以为的是否正确。

为了避免亲子沟通中的"想当然",父母其实是可以学习一些小技巧的。

1. 客观地描述孩子的行为,而不是随意下判断。

比较下面这两种说话方式,我们就能很直观地分辨出何谓"客观描述",何谓"下判断"。

"你的脸很脏。"VS"你是一个脏孩子。"

"你的字写得不工整。"VS"你根本不用心写字。"

"你不想做功课。"VS"你存心偷懒。"

"你这题算错了。"VS"连这题也算错,真笨!"

一个人被评判时,最自然的反应是防卫:"你才脏!""我不笨,你才笨。"也有的孩子不会这样进行自我防卫,但那意味着他可能走向了另一个极端,接受周围对自己的一切评价,失去自信甚至自暴自弃。所以我们做父母的只需要客观地描述现象和行为,孩子自然会加以调整、

改进。

2. 用"我"做开头来描述自己的情绪，而不用"你"来挑剔孩子。

有一个妈妈有要事想出门，就把孩子安排在外婆家。孩子穿鞋时好奇地问："妈妈，你要去哪里呀？"妈妈一方面心急，一方面心烦，就回答说："你管我那么多干吗？每次我出门你都要管……"其实她完全可以说："我现在赶时间，不能详细地告诉你。"而不必责怪孩子。这样就不会让孩子感到自讨没趣，不想跟妈妈说话了。

3. 多用问答的方式来弄清楚孩子的用意。

比如："你的意思是这样吗？""你是希望我买这玩具给你吗？""你很不想练琴，是吗？""你累了，需要休息，对不对？"先弄清楚孩子的意思，再有所反应。

4. 完整地表达自己的意思。

有一位父亲对孩子说："纸巾盒在那边！"意思是叫孩子拿过来。但是他没把下面那句话说出来。孩子还愣在那边不知要做什么的时候，父亲紧跟着就开骂了："这孩子怎么听不懂别人说话呢，还不快给我拿过来！"这位父亲并未完整地表达自己的意思，却责怪孩子没有听懂。如果是一个成年人，肯定是可以清楚这位父亲在讲什么的，但孩子就不一定。我们若不注意，也常会犯这样的毛病。其实只要多加一句话，就能把意思说清楚。

5. 也是最重要的，允许并支持孩子充分地表达自己。

根据我和许多孩子相处的经验，只要父母愿意给孩子一个自由表达的空间，大部分的孩子都非常讲道理，也非常善解人意。反而是作为成年人的我们，常常不能理解孩子为什么要与自己对抗，苛求孩子一定要"听我的"。

但父母要意识到，"表达自我"是孩子成长的重要部分。我们要充分认识到，孩子是在快速成长、变化的。当我们遇到十多年不见的老友，最常说的一句话是"你还是老样子",因为我们成长的速度已经慢下来了。但是对孩子来说,情况就大不相同,他们的身体和内心变化都要比成年人快得多。所以我们不能用一成不变的方式来对待他们。

然后,我们要看清自己,处理好自己的情绪。孩子在身边,最容易成为我们的"出气筒"。做父母的要学会先处理自己的情绪,再来面对孩子。情绪当头,绝对不是一个沟通的好时刻,等心平气和了再沟通比较妥当。

最后,我们要理解,孩子的"反抗"意味着成长。做父母的应该给予祝福而不是压制。孩子跌倒了自会爬起来;这一条路走不通,自会换另外一条。以这样开阔的心胸来面对孩子,即使对孩子有期望,也不至于形成沉重的负担。

爱的语言：学会沟通，让"情感银行"保持富足

爱的五种语言，用对方能接受的方式来表达爱

"爱的五种语言"是美国盖瑞·查普曼博士（Gary Chapman，PhD）提出的概念。他本人是一个牧师，也是著名的家庭婚姻咨询师，有超过三十年的家庭咨询经验。他时常在美国各地举办家庭生活研讨会，为美国家庭提供心理建设服务。

在他的作品《爱的五种语言》中他提到，每个孩子内在都有一个"情感银行"。如果孩子的情感银行相对充盈，即孩子觉得自己享有充分的爱的时候，反而更容易接受父母的管教。那么，如何在日常沟通和亲子对话中让情感银行时刻保持充盈呢？他总结出了五个办法，即"爱的五种语言"，分别是：

1. 肯定的言词。

心理学家威廉·詹姆士曾说："人类最深处的需要，可能是感觉被人欣赏。"肯定的言词，可以满足很多人这样的需求。在亲子关系中，口头的赞扬或欣赏式的话语，会变成有力的爱的工具，不妨以简单、坦率的肯定句来表达，比如"感谢你今天晚上帮爸爸妈妈洗碗"之类。常对孩子适时地说亲切、挚爱、赞美、鼓励、正向引导的话，这表示你在乎他。而音调的高低、语气柔和度、关心的气氛等，都会影响情感传达的深度。

鼓励的话语也能激励人心，鼓励孩子去做他们想做或感兴趣的事，发挥他潜在的能力，而不是对他们施压，强迫他们去做大人想要他做的事。仁慈的话语也能传达爱意，有时同样一句话，不同的说话方式或态度会带来不一样的效果，多以柔和的声音言语跟孩子互动，亲子的关系自然也会变得温柔有爱。

需要注意的是,我们的赞美要针对孩子所做的事、成就、行为,或他有意识表现出来的态度,也就是针对孩子有能力控制的事情。所以要让肯定的言词对孩子真正具有意义,父母就必须谨慎地说、明确地说,别因赞美得太频繁而失去真正的意义。

最后,也可以多以谦逊的话语,而不是用命令、抱怨的语气,来表达自己的需要和愿望,以此跟孩子建立亲密感。还有很多别的肯定性的言词,也都能用在亲子关系中,使亲子感情增温。

2. 精心时刻。

精心时刻指亲子在一起,把注意力和心神都投注在彼此身上,共同经历的一段时光。精心时刻包括精心的对话和精心的活动两种。

精心的对话是指两个人能在友善、不受干扰的环境中,彼此分享感觉、思想和经验,而且彼此之间都具有同理心,用心地聆听和分享。

很多孩子会大哭大闹,其实是在抱怨爸妈没有认真听他们在讲什么,在情绪上没有感觉被爱。因此,愿意用心用情才是重点。与肯定的言词不同的是,肯定的言词重在我们"说了什么",而精心的对话着重在我们"听到了什么",能不能以同理心去体会,而不是着急要对方讲完闭嘴或给出建议。

精心的活动则是指亲子一起去做某些事,经历某些事,事后能感受到彼此的爱意和关心,比如跟孩子一起去登山、听音乐会或逛街购物。精心的活动必须是孩子想做、父母也愿意参与的活动。它不仅能在当下创造出愉快欢喜的感觉,还能提供一个"记忆银行",在未来的年岁中,亲子一起提取曾经有过的美好回忆,回味在一起的时光。

需要说明的是,当孩子还是婴儿的时候,这种精心的时刻会有很多,父母也愿意为此花时间和精力。但孩子渐渐长大时,可能会对父母的时间和精力提出一些挑战。比如若要筹备一个周末旅行,父母就需要拿出至少一天的时间。这时如果工作压力很大,强行出门反而不会有好的效果,因为孩子都是很敏感的,他们能感觉到你的焦虑,还不如先集中精力做好工作,然后集中注意力在家里。

精心时刻对孩子传达的信息是:"你很重要,我喜欢跟你在一起。"精心时刻并不一定需要去某些特别的地方,而最具教育效果的精心时刻常常是在家里,就是当你与一个孩子单独相处时。要找出时间跟每个孩子单独在一起并不简单,但却是必要的。

精心时刻必须包括愉快、充满爱的眼神的接触。如果父母以拒绝用眼睛看着孩子作为惩罚的方法,那孩子会将不看他们的眼神解释成父母不认同他们。

3. 接受礼物。

礼物是爱的视觉象征,会想送礼物给某个人,应该是想到了对方,而且透过送礼物来进行实际的表达。有些人也喜欢收到礼物,觉得有被照顾和关心的感觉。礼物有大有小,可能是一辆自行车,也可能只是一个笔记本。礼物不需要昂贵,而在心意。很多礼物应该由你和孩子共同选择。

除了有形看得到的东西,也可以把自己当作礼物,送给对方,也就是当孩子需要时,能适时地陪伴在身边。比如当孩子参加一场球赛,或获得一个演讲比赛冠军的时候,父母理应出现在现场为孩子加油点赞。

4. 服务的行动。

为孩子做一些他们想要你为他们做的事,以此来表达对他们的喜爱。这里很重要的一点是要满足孩子的小小需求或小小心意,而不是父母以为孩子需要什么就做什么。买礼物需要花费一些金钱,但做服务却需要花费一些精力和时间。

对很多家长来说,为孩子花钱没问题,但花时间和精力为孩子服务就显得比较"奢侈"了。服务的行动在体力和情绪上都很吃力。因此,父母应该注意自己身体与情绪的健康。但正因为"奢侈",才显得可贵。

需要注意的是，不要把服务的行动作为操纵孩子的方法，也不要过度服务。如果做父母的在服务的行动中让步太多，不管是出于孩子的渴望还是实际需要，都可能使他们停留在孩子气的自我中心阶段，而且变得很自私。

另外，服务必须是主动的、心甘情愿的，而不是义务或被动的。所以爱的服务是一种从内心激发出来的愿望，想要把自己的精力投注在别人身上。否则孩子能很清晰地感受到父母的不情愿，服务就会变成心理负担。

5. 身体的接触。

牵手、亲吻、拥抱，都是跟孩子表达爱意的好方法。比如回家前后轻轻的一吻或拥抱，用手指轻轻梳理头发或整理衣领，或在看电视时靠近一点挨在一起。各种简单的触碰，都会给亲子间带来心领神会的情意。

身体接触是最易使用的"爱语"，因为父母不需要等候特殊场合或理由就能与孩子做身体的接触。孩子每天都需要很多有意义的接触，但小男孩接受的通常比小女孩少。当这种"爱语"表达得自然并使人舒服时，孩子会变得比较自信，在跟别人沟通时也会大方自在。

但需要注意的是，在青少年时期，男孩子会对活泼有力的身体接触较有回应，所以这时身体的接触多来自运动（打篮球、踢足球等）。如果母亲在他的朋友面前拥抱他，可能会令他尴尬。同样，十几岁的女儿仍需要父亲的拥抱或其他身体接触，但在公共场合除非女儿主动要求拥抱，否则父亲则要避免这样的动作。总之，不要强迫与十几岁的孩子有身体接触，你可以适可而止，但若孩子一直拒绝你的接触，就需要跟他谈谈。

查普曼博士指出，每一个孩子对爱的五种语言的敏感度是不一样的。人在儿童发展初期就已经发展出自己独特的情绪模式，有些人可能自尊心较弱，有些人可能缺乏安全感，有些则较健康有自信。每个人都会跟父母发展出一种主要的"爱语"，比如有的孩子更喜欢父母语言的赞美，有的孩子更喜欢父母的拥抱。所以做父母的需要去发现，然后去实践。

爱的语言：学会沟通，让"情感银行"保持富足

而且，每个人的"爱语"并不像石头一样固定不变，有时孩子会经历一段改变的时期，特别是在青少年时期。在找出孩子的主要的"爱语"之后，切莫忽视其他四种"爱语"。发现主要"爱语"的最高价值在于它能给你一个传达爱的最有效方法，当你察觉孩子失望或冷漠时，你会知道如何集中你的爱向他表达温情。

所以，要让孩子的"情感银行"一直保持充足的储蓄，我们就要经常向他们表达爱的语言，那么亲子关系自然会充满爱意活力，就像为孩子"人生汽车"的油箱加满了汽油一样。

4

避免说这几句口头禅，不对孩子进行情感勒索

所谓"出口成伤"——话语既是人们沟通的最重要的工具，也是人们伤害彼此的武器。在亲子关系中，话语的伤害可能是面积最大、范围最广的一种了。

我们说"可怜天下父母心"，但很多父母在和孩子沟通的时候，却完全没有"可怜天下孩子心"。随口说出的一句话，就可能对孩子造成永久性的心理伤害。下面我们来简单分析一下中国父母口中最常见也伤孩子最深的几句话。

第一种："我都是为了你好！"

这是源于父母对孩子的疼爱，"我爱你，所以我不希望你失败、受伤"。这种心态是很正常的，但过度的保护心理，反而容易在现实中对孩子呈现出更高压的手段，因为你觉得，这样才是对孩子最好的，不容许孩子的人生出任何一点差错。

可是，当这句话讲得太多、太重的时候，孩子心里会产生一种恐惧："如果没有遵照爸妈的意思去做，我就好像背叛了爸妈的爱，好像就变成了不孝子。"这就会让孩子感觉失去了自主意识，或无法有自己的意见、想法。而孩子长期处于这样"无法发声"的情况下，就容易开始对一切事物出现消极感，展现出来的就是"随便啦""无所谓"或者"都可以"，其表现自然也就更偏离父母的期待了。

第二种："你看看××家的××！"

常言道："最好的孩子，就是别人家的孩子。"

第五章 爱的语言：学会沟通，让"情感银行"保持富足

那么，那个"别人家的孩子"就一定过得好吗？

来自湖北的初中生小静和她的父母曾经来找我咨询。她就是那个"别人家的孩子"，品学兼优，可是最近遭遇了校园暴力。什么原因呢？原来班上有一个男生叫刘勋，刘勋的父母常常拿他跟小静比，导致刘勋对小静积压了长期的怨恨。最后刘勋发动班上不少同学，一起去欺负小静。多次骚扰之下，小静觉得不堪重负，向父母提出要休学。

成为"别人家的孩子"，也是被"拉了仇恨"。

"比"字，是两把"匕"，就是两把刀。一把刀插自己，这就是"自卑"；另一把刀插向别人，这就是"嫉妒"。在这种比较中长大的孩子，内心是自卑的，总觉得自己不够好；同时，也见不得别人好，尤其是那个"别人家的孩子"，只要别人有好事，自己心里就酸溜溜的，十分不服气。一直在"别人家孩子"的阴影中长大的人，这两种心态尤为明显。这也许就解释了为什么大多数人都会对别人的丑闻八卦无比感兴趣，因为看到别人不好，自己心里才有一种"你看，我其实还挺好的"之类的自我慰藉。

这种比较，是源于家长常用外界的眼光来检视自己，"我怕我不是个好父母"。所以下意识地出现比较心态，不停地拿孩子去跟别人比较，以此衡量自己是否做得足够完美。孩子在父母比较甚至炫耀的过程中就容易产生自我怀疑。

而这种自我期许、自我恐慌的心态，甚至可能让家长在教养孩子时，将过错推给另一半，出现"孩子没教好都是因为你"的家庭纷争。孩子除了要面对指责，还要面对另一层更大的心理压力："如果我家出问题，那都是我害的。"这样的压力压迫着孩子，也容易导致孩子消极抵抗："你重视的到底是'我'，还是我的成绩（表现）？"于是自然而然产生反

153

抗心理。

第三种:"你这么做,对得起我吗?"

这种类型的爸妈内心都有一种"被亏欠心理":"我总是付出这么多,但为什么事情总是不如我意?"

如果父母在自己的成长过程中伴随很多的匮乏感或是觉得委屈、不公平,甚至带着很多的焦虑,就会将其不自觉地转嫁到孩子身上,觉得"我对你做了很多,所以你要懂得还我",因此很多父母就会试图在孩子身上拿一些什么回来。

而这样的沟通方式,往往会让孩子产生巨大的愧疚感或自我否定。在无人可以理解、无人可以拯救他时,又要背负来自父母如此沉重的心理压力,这就容易让孩子的无力感更加重,更想逃避。

这几句常见的"口头禅",都是以爱为名的情绪勒索,让孩子处在痛苦之中。他们下意识中只好通过反抗、消极抵抗等方式,来减少内心的恐惧或压力。父母是求好心切,却无形中把孩子越推越远。

这种沟通方式,我称之为"情感勒索式沟通"。如果你也经常这样跟孩子沟通,那就要特别注意了。

上面的这三句口头禅,都是从父母口中射向孩子的"利箭",它们的伤害是很明显的。亲子之间的沟通,还有另一种更隐形的方式。有时候父母可能不会这样明着对孩子提要求,但敏感的孩子们,还是能感受到父母内心对自己的"勒索"。

比如有位父亲曾对在外的儿子这样讲:"你有不回家继承父业的自由,但我也有对你感到失望的自由。"

这位父亲的话,看起来好像还比较大度:我们父子彼此有各自的自由。但实际上,他给孩子的这份自由并不是无条件的。他的儿子在外面,将会一直背负着让父亲失望的负担。

所以"话语"是一件很有意思的事情。它可以以貌似很美、很包容的

爱的语言：学会沟通，让"情感银行"保持富足

方式，去隐形地表达我们的攻击。

所以在亲子沟通之中，并非顺其自然就可以了。父母真的要时刻注意自己嘴里说出的话到底表达的是自己的需求，还是对孩子的爱。

一个人接受他人的程度和接受自己的程度有直接关系，一个能完全接受自己的人，也能接受他人；不能忍受自己的人，经常发现容忍别人也不容易。

当孩子持续被父母比较、质疑、否定，必然会对自己越来越不包容、不自信，也很难同别人、同这个世界建立起比较顺畅的关系。

所以，我希望爸妈们能时刻注意自己口头禅中的批评和攻击。孩子犯错了，如果父母是激烈、负面地回应，孩子长大后会情绪更差、更没有自信；相反，如果家长的反应是积极正向、具有建设性的，孩子长大后才有办法内化和反省自己的行为。

父母可以提醒孩子，但不要教训孩子。父母可以和孩子讲清道理，让孩子懂得某种行为可能带来的后果。当孩子出现某种不良行为的时候，父母应该是"提醒"多于"训斥"，让亲子间的沟通能多一点弹性，软性沟通会比命令更有效。

当孩子的行为让我们觉得内心不安时，我们应该先停下来感受、思考一下，然后再做出应对。当我们放下内心的焦虑和恐惧时，我们的心就有更多空间，能用不同的方式来看待孩子。只有破除成见和框架，我们才能和孩子进行双向的沟通，而这样往往更能看见孩子的问题，帮助孩子找到解决问题的方法。

一言以蔽之，亲子沟通有五条基本原则：

- 你希望别人怎么对待你，就用那种方式来对待他。
- 只表达内心声音，不批评、不说理。沟通时若带批评或要求，可能会再次阻断沟通之门。
- 不将问题让家庭以外的亲友介入，无法自行解决则寻找专家。尤其

是青春期的孩子，最重视自己在同学、伙伴心中的形象。父母一旦未经告知就将问题在孩子的生活圈公开，会无法取得孩子的谅解。

- 释放善意，温暖孩子。家庭不是战场，家庭问题没有所谓输赢。让孩子看到你修复关系的意图，这样会暖化孩子的心灵，更快地修复亲子关系。
- 设立底线与限制。亲子关系修复之后，你可以容忍孩子的底线是什么？这个底线需先衡量清楚，再遵守执行。

身教更胜言传，用潜意识沟通激发孩子的正向能量

谈亲子沟通不得不提"潜意识沟通"。

潜意识就是我们之前在谈冰山理论时提到的"水面下的部分"，是我们行为反应的"自动导航系统"。我们的生活，大概有95%是由你所不知道的潜意识在控制着。举个例子，刷牙、走路、开车，你不用去思考就知道该怎么做。但如果你是第一次刷牙，就要思考、练习，才能形成肌肉记忆。这种肌肉记忆就是潜意识。

潜意识是一个人存在的真相，可是这个真相藏得很深，我们必须不断学习，让自己的身心灵成长，学会读懂自己的潜意识，才能看到这个真相。无论你是想要得到更大的成就感，还是想要突破亲子关系的局限，甚至只是想要解决生活中的一个具体问题，还是被工作中的一个瓶颈，深入你的潜意识，找到潜意识的真相，你就会获得更大的收获。

比如，很多家长常常会说"我家的孩子笨，别人家的孩子聪明"，家长希望用这样的方法来激励孩子，但是有可能给孩子的潜意识里就植入了"你很笨"的信息。将来这个孩子长大了，可能不会再听到"你很笨"的信息了，但如果他一直带着"我很笨"的潜意识，那么这种意识会继续影响他的生活。他可能会故意做不好一些事情，来验证"我很笨"这个潜意识里的观点。

所以，在亲子沟通中，我们一定要掌握潜意识的规律。

有人统计过，我们父母口中最高频的词汇是"不要""不许""不要干这个""不许干那个"……

但有意思的是，人的"潜意识"不会区分"不""没""否"等否定词语。这是潜意识的第一个重要规律。我们举个例子，你现在告诉自己"我不要想到蓝色的气球"，试试看，你想到了什么？是不是想到了蓝色的气球，而且还想得挺真切？

所以，在你说"不要""不许"做什么的时候，孩子潜意识中只能接收到后面的部分。当你对孩子喊"不要玩火"的时候，孩子潜意识里只能得到"玩火"的信息。

所以潜意识指令信息的提取是最直接的，就是对根本词汇的提取。它不去管你前面添加多少否定或肯定的修饰。对潜意识来说，词汇就是指令。

我们从小就接受"谦虚是美德"的教育，不敢使用强有力的词汇，不敢说"我行"而只是说"我试试"。这对成长其实是不利的。强有力的词汇会带来强大的正面能量，消极词汇则会消耗你的能量。

一个词汇的能量可以经由感觉感受得到，聪明的广告人对这点就比较有体会。比如"减肥"这个词汇现在很多广告词和商品名称都不用了，都用"瘦身"了，为什么？就是因为"减肥"这个词只会让你联想到"肥胖"，无论你前面加多少个"减"字。而用"瘦身"感觉就完全不同了，你更多的是会联想到"瘦""苗条""好身材"。

同理，"自信"这个词会让孩子联想到自信满满的感觉，而"克服自卑"却只会让他们联想到自卑的画面；"轻松"会让孩子感受到放松的效果，而"释放压力"却只会让他们联想到压力；"成功"会让孩子联想到事业有成、幸福快乐，而"永不言败"却先让孩子想到了失败。

所以在家庭中，我们要多用正面的语言交流，激发孩子潜意识中的正能量。你越是鼓励、支持、赞美孩子，你的家庭关系就会幸福快乐、美满和谐。

潜意识的第二个规律是，它不会去区分"你""我""他"。

在我们的潜意识里，这个世界是一体的。比如我们听到别人和他母亲

第五章 爱的语言：学会沟通，让"情感银行"保持富足

的故事，我们潜意识里很容易会想到自己和母亲的事情；看电影时为一些剧情流泪的时候，其实是我们想到自己的类似剧情。当你恨一个人的时候，其实你的身体和心里都在承受这种"恨"的感觉。所以才有一句话说："仇恨，是用别人的错来惩罚自己。"

这意味着，当我们用大脑去评判别人的时候，或者口中对别人说出一些话的时候，那些想法和语言其实也同样在影响着我们自己。有句老话叫"嘴巴离自己的耳朵最近"，这句话其实是从侧面诠释了潜意识的这条原理。所以无论你是说"我很棒""你很棒"还是"他很棒"，对你的潜意识来说，都是接收到了正面良好的信息；同样道理，当你说"他很烂""你很烂"或"我很烂"，潜意识就都是接收到负面不良的信息。

所以，不要以为你骂孩子的话会促进他改进，而实际上，这些负面话语会损伤整个家庭的亲密氛围。

潜意识的第三个规律是，它在记忆方式上更偏重图像而非文字。

这就是我们为什么说"言传不如身教"。因为无论父母嘴里说得多好听，当我们的行为与我们的话语不相符时，孩子一定是"听"我们的做法，而不是"听"我们的话。孩子对父母的模仿，都是很直接的行为模仿。

所以，当一个父亲一边抽着烟，一边又对儿子说"你长大了可千万不能抽烟"时，孩子是根本不会去听父亲在说什么的，他只会去模仿，可能在很小的年纪就学会抽烟了。

所以，做父母的给孩子树立一个好榜样，这是送给孩子最珍贵的礼物。因为孩子从出生开始，就通过模仿从父母身上学会许多事情，不管你愿不愿意，你的一言一行孩子都看在眼里，也不知不觉中内化成他品格、价值观的一部分。

这也是为什么我们一直在提醒父母：希望孩子成为什么样的人，父母就需要先成为那样的人。在教育孩子之前，先面对自己。

深入理解了潜意识的规律，我们就能知道在亲子关系中如何正确地与

孩子相处，如何为孩子带去良好的品格和行为习惯。

当孩子的潜意识与意识不分裂的时候，他的心理状态就是最健康的。在这个状态里，他们内心蕴藏的力量就能够更有效地发挥出来，为他创造出更多的成功和快乐。与此相反的状态是，知道应该做但不能下决心去做，或知道不应做但忍不住偷偷地去做，这是因为理性和感性的立场不一致，意识与潜意识产生了分裂。

所以，父母要努力帮助孩子实现意识与潜意识的同频共振、和谐共鸣。

著名心理治疗专家、现代催眠之父艾瑞克森（Dr.Milton Hyland Erickson）17岁时曾患小儿麻痹症，一度严重到头部以下皆无法动弹，但却因为生病而发展出一种强大的影响潜意识的语言能力。他的治疗手法中有一个很厉害的工具就是"讲故事"。在他具有启发性的治疗故事中，巧妙地引导当事人改变意识，从而导致行为的转变。许多聆听过艾瑞克森故事的人，发现自己在多年后依然沉浸在故事的氛围中，他们的行为与态度也因此发生了永久性的改变。这就是潜意识的力量。

在平时，我们也可以进行一些简单的"潜意识对话"练习，来发现自己在亲子沟通中的分裂，改善自己与孩子的沟通模式。

与潜意识的沟通，类似于一种简单的自我催眠，能让我们更清晰地观察自己。我们可以将潜意识当作一个对话的对象，在非常放松、平静的环境下不断地与潜意识进行交流，然后等待它的回应。

很多时候，亲子关系中的许多矛盾就会在对话的过程中从水面下浮出来。潜意识会告诉你答案。

当我们看到了答案，就能找到真正阻碍亲子沟通的原因，从而为自己的家庭贡献一种和谐、亲密、向上的力量。

第六章
CHAPTER
6

爱的疗愈：
当创伤不可避免，父母可以帮孩子做什么

父母离异,怎样将孩子受到的伤害降到最低

现在,中国的离婚率有越来越高的趋势。婚姻不幸福,就选择分开过,这也体现了当代人更加注重个人的自由和感受。

但对有孩子的家庭来说,离婚则毫无疑问是一种对孩子的伤害。对孩子来说,家庭是他的生活中心,爸爸妈妈是他生命中最重要的两个人,离婚对他来说就是失去了现有的生活状态。父母离婚意味着两个没有血缘关系的人关系的终结,但作为和双方都有血缘关系的孩子,他们的生活将迎来翻天覆地的变化,离婚后夫妻应该共同帮助孩子适应这种变化,让他们健康成长。

我见过太多的中国夫妻离婚之后,互相指责,喜欢在孩子面前说对方的坏话,教唆孩子仇恨对方。我总结了其中最伤人也是最常见的三句话:

1. "当初都怪我瞎了眼,选择了你爸爸/妈妈,离婚都是他害的。"

这会让孩子与另一半的亲子关系变得紧张,也让孩子对自己缺乏认同和自信。为什么呢?因为这个孩子一半来自父亲、一半来自母亲,无论是孩子的母亲说父亲不好,还是父亲说母亲不好,孩子在潜意识里都会感觉自己不好。也会让孩子觉得自己来到这个家庭是一个错误,这样会伤害到孩子的自我价值,甚至有些孩子觉得自己生命的存在都是个错误,从此抑郁。

2. "都是因为你,我们才离婚的。"

这句话让孩子充满负罪感。孩子会认为父母的离婚是自己造成的。孩子会通过一些方式来自我惩罚,比如自虐;有一些在长大成人之后,也让自己经历同样的离婚事件，以此来惩罚自己。孩子的内心会有这样的潜台词："我害得父母离婚了，我有什么资格享受幸福的婚姻？"

3．"你说，你到底要跟谁在一起？"

离婚后对前夫或前妻的指责，并不只是婚姻生活中长期积怨的爆发，更是为了"争取"孩子的支持。这会让孩子觉得自己的家庭彻底分裂了。在孩子心中，父母是同样重要的人，现在却要求孩子只能二选一，这是无比痛苦的选择。

有一位正在办理离婚的母亲找到我，向我诉苦："女儿已经五岁多了，从小到大丈夫就没怎么管过。他明明就带不好孩子，但还是要和我争抢抚养权。"两人经常当着女儿的面互相攻击，最近女儿性情大变，这成了离婚之外又一件让她头痛的大事。

这位母亲是一个生意上小有成就的人。在生意遇到困难时，由于丈夫没有什么经济能力，她只能四处和朋友借钱。后来经济稳定后，她还是认为丈夫和自己各方面差距太大，所以坚持要离婚："我们两人各方面的观念差距都太大了，他在单位赚不了多少钱，回家就摆出一副苦大仇深的脸色。之前谈恋爱的时候朋友就劝我：'为什么找他啊？'"

现在问题来了：夫妻离婚，孩子该跟谁？丈夫认为女方生意太忙，无暇照顾孩子，而这位母亲认为丈夫没有抚养孩子的经济能力。于是双方无休止的语言斗争就开始了。

妻子总是把多年前生意困难时丈夫袖手旁观的事情拿出来说："你爸是个没良心的人，当时要不是我挺过来了，真不知道日子怎么过下去。"在她眼里，虽然由于自己工作忙，女儿多数都由丈夫陪伴，但丈夫的家庭有重男轻女的思想，而且他的一些教育理念和方式，也让她无法认同。

更何况，这位母亲说丈夫还曾在女儿面前说过她的坏话。为了让女儿站到自己那边，丈夫还曾威胁女儿说"以后我不养你，不要你了"。

才五岁的女儿,在外人看来虽然还算开朗,但这位母亲觉得孩子变得太早熟了。女儿好像特别懂事,从不吵闹娇纵,总会去讨好母亲。也许是父亲说了不养她,她害怕母亲也不要她了吧?孩子会不会很没有安全感?每每想到这些,她心里总是忐忑不安。

在这位妈妈的叙述中,孩子爸爸好像是个一无是处的人。但我从她叙述丈夫行为的语气中感觉到,她的"恶劣"之处相对于丈夫,肯定是有过之而无不及的。

首先我们需要强调一点:无论孩子是谁带的,离婚时或离婚后在孩子面前抱怨对方,都是不可取的,因为这样会让我们与最终的目标——"破碎的家,完整的爱"背道而驰。

离婚本质上只是终结了夫妻关系,但我们跟孩子的角色关系并没有因离婚而画上句号。我们仍是孩子的爸爸或妈妈,这是任何力量也改变不了的事实。假如孩子跟随妈妈生活,那么离开的爸爸也要帮助妈妈教育他,不能用语言去疏远妈妈,或用金钱、物质收买孩子,造成妈妈教育孩子时出现问题与困难。因为这样的收买无非是暗示孩子:我才是对你最好的人,从而离间了孩子与妈妈的关系。

所以,夫妻双方无论有多少怨恨,都尽量不要把孩子作为攻击对方的工具。世上最残忍的事情之一就是"教会"一个人仇恨本应该去爱的亲人。

如果夫妻在离婚的时候把各种恩怨和不满,甚至是抱怨和憎恨毫无保留地倾诉给孩子听,把对方的缺点、对方的龌龊等都一股脑地全部扔给孩子——自己恨对方,也让孩子恨,这种方式会让未成年的子女背负沉重的心理负担。

孩子将不知道如何去理解父母,容易在怨恨里迷失自我。甚至有的孩子会厌世,对世界和感情都发生怀疑。

每个人都只有一个爸爸和一个妈妈,他们是一个人一生中最珍贵的精神资源。而父母的恩怨把一个孩子心目中最宝贵的信仰摧毁了,他如何能快乐生活?

感情破裂的父母们一定要记住:在孩子成年之前,你们仍然要共同承担养育孩子的责任,无论抚养权在谁的手中。所以离婚是一次夫妻关系的转变,由曾经的婚姻关系转变为育儿合作关系,这是因为离婚后夫妻很难成为交心的朋友,也无法经常交流彼此的想法。但在"对孩子的成长尽责"这件事上,双方各尽其责是不难的。

那么,离婚前后,父母该怎么做,才能帮助孩子尽快走出这种创伤呢?

第一,离婚前,双方应该进行协商,尽量减少孩子生活的变化,并提前让孩子知道这些变化。

孩子在离婚中会失去很多东西,如果可以,请爸妈尽量减少孩子失去的东西——孩子还是可以有爸爸/妈妈、一个安全的家,继续在学校上课,能够维持每天固定的活动和喜好,继续与朋友和老师相处,等等。离婚对孩子来说是个巨大的失去,但如果爸妈能够尽量减少孩子生活中失去的东西,孩子的安全感就能被保存得相对较好。

另外,爸妈离婚会让小孩对未来的生活充满不确定感,不知道以后的生活会变成什么样子。请提前让孩子知道他的生活会有哪些改变(譬如,哪几天要待在妈妈家,哪几天要待在爸爸家),当孩子知道之后生活的行程(譬如,什么时候会见到爸爸或妈妈),心里会比较安心。如果其中一方即将搬到距离较远的地方,也请常常用电话、电子邮件等方式和孩子联络,让孩子知道爸爸/妈妈关心他。

第二,离婚时,我们要让孩子知道,父母离婚与他无关,父母的爱不会因离婚而减少。

告诉孩子:"这不是你的错。"尤其是对于年幼的、还处于以自我为中心阶段的孩子,他们会认为发生的每一件事情都和他有关。孩子可能会认为爸妈离婚是他造成的,是因为他上个星期不乖或没写作业。所以,

第六章 爱的疗愈：当创伤不可避免，父母可以帮孩子做什么

父母需要帮助孩子理解离婚，并且要向孩子强调"这不是你的错"——而且，讲一次是不够的，要多讲、常讲。

爸妈离婚时，孩子会害怕这样自己是不是会失去爸爸或妈妈，或是担心爸爸/妈妈会不会不爱他了。请告诉孩子：虽然我们已经不是配偶关系、不爱对方了，但即便我们分开了，也会像过去一样爱你，这一点不会改变。

第三，帮助另一半树立其在孩子心目中的位置。

既然要成为"育儿合作"的伙伴，那么必须给予对方应有的礼貌和尊重，并在这份关系中划分好界限。为了保护孩子，需要离婚的夫妻要在孩子面前和解，并重新树立父母在孩子心目中的形象和地位，不为任何原因在孩子面前指责、诋毁对方是最基本的要求。

离异父母无法为孩子保全一个家，那么一定要设法为他保全父母的爱，保全孩子内心的纯净和对爱的向往，千万别让孩子背负父母之间的恩怨，千万别让孩子在非此即彼的选择中陷入混乱。还有那些热心的亲友们，如果真的心疼孩子，真的为孩子好，一定要管好自己的嘴，千万别自作聪明，自以为是地对孩子讲他父母的坏话，这对年幼的孩子而言，无异于是在他滴血的伤口上撒盐，是很残忍也很不人道的做法。

不管你和你的前夫/前妻的感情有多么糟糕，请不要让孩子卷入你们两个人之间的战争——不要在孩子面前讲对方的坏话或是贬低对方（对孩子来说，你的前妻/前夫还是孩子的妈妈/爸爸），不要把孩子当作传话筒或是惩罚对方的工具（譬如，故意说错时间让妈妈减少探视孩子的时间，或是不让另一方探视孩子），也不要用孩子去监视另一方的新生活状态，更不要让孩子"选边站"。例如，当孩子告诉你，他今天和爸爸一起做的事情时，请支持和接纳他和你的前夫的良好关系。

第四，帮助孩子尽快走出失落与悲伤。

爸妈离婚会给孩子带来巨大的失落与悲伤，而这些在离婚过程中在所难免。爸妈看到孩子伤心难过一定也会觉得痛苦，但我们不可能让孩子

免于每一种难过的情绪。当孩子悲伤难过时,爸妈能做的就是支持孩子、接纳孩子,陪孩子处理这些失落、哀伤以及各种情绪。

每一个孩子面对爸妈离婚所呈现出来的情绪和行为都不一样。请允许孩子用自己的方式处理失落与悲伤。不论孩子的感觉如何,告诉孩子他们的每一种情绪都是很正常的。鼓励孩子与你分享他们的情绪和感觉,并且接纳他们的每一种感觉。给孩子一个安全的情绪空间,告诉他们如果他们不想讲也没关系。

第五,离婚后,依然将孩子的需求放到第一位。

离婚会对孩子的生活造成巨大的改变,而孩子是否能够好好适应爸妈离婚后的生活,则取决于爸妈在离婚之后如何合作抚养孩子。共同抚养孩子最重要的一点就是:把小孩的需求放在第一位,先考虑怎样做才是对孩子最好的。

离婚的原因有很多种,而某些状况下的离婚——像其中一方外遇——可能让另一方承受巨大的情绪压力,而这些时候,爸妈就可能被自己的需求以及情绪所笼罩而无法考虑孩子的需求。譬如丈夫因为外遇而要离婚时,妻子可能会充满愤怒、不甘心等情绪,想要报复对方,而这时孩子就变成了报复的工具。或是,离婚后依旧互相憎恨对方的两个人,把孩子当成互相比较、互相宣泄情绪的工具。当大人为了满足自己的需求——为了报复对方而抢孩子的完全监护权,比如,因为妻子外遇就不让她和孩子见面;在孩子面前数落、贬低另一方;让孩子给另一方传话;要孩子"选边站"——这些行为不但完全忽略孩子的需求,还会对孩子身心造成很大的影响。

但是,在离婚之后你们还是孩子的爸妈——孩子需要他的爸爸或妈妈。或许你会认为另一方很可恶,但是你的孩子并不会这么想他的爸爸或妈妈。要做到这一点不容易,但有觉知力的父母能够让自己不被离婚带来的伤痛和情绪所淹没,能够看见孩子的需求。

爸妈离婚后若能够把孩子的需求放在第一位,就能降低小孩以后发展心理问题的概率。

第六,离婚后,双方共同努力,达成一致的教育方式和规则。

当爸妈离婚后孩子要在两个家庭生活时,请谈好给孩子一致的教育方式与规则(像是哪个电视节目适合孩子看、孩子几点该睡觉、孩子打人时该如何处理,等等)。当爸妈两人对孩子的教育方式一致时,孩子也比较能够适应在两个不同家庭的生活。

只要能够做到以上几点,即便你们离婚了,也依然可以给孩子一个很好的童年——让孩子可以继续当个小孩,不用因为爸妈离婚而要承担某一方的角色和责任,或是要承担大人的情绪重担。孩子可以了解,爸妈离婚后,爸爸妈妈和他还是家人,还是会继续扮演他生命中的重要角色。

2

二孩家庭：怎样做才能让老大安心

2015年12月21日，全国人大常委会审议《计划生育法》修正草案：全国统一实施全面"二孩"政策，提倡一对夫妻生育两个子女。越来越多的人想要生一个二宝。很多父母也开始思考：要不要生二胎？什么时候生二胎？两个孩子会对自己和家庭中的其他人产生怎样的影响？于是就带着试探的口吻询问，大孩子说："宝贝呀！你一个人是不是很无聊啊？爸爸妈妈给你生个小弟弟或小妹妹陪你玩好吗？"

这个孩子可能会很天真地回答："好啊好啊！"

有的家长以为这样就可以名正言顺地造一个二宝出来了，反正孩子也支持。可是结果呢？

当妈妈真的怀了二胎，并且把老二生下来以后，老大才发现自己的地位一落千丈。什么好吃的、好玩的都归这个小的，爸爸妈妈的爱突然间好像都转移了。于是大宝就对二宝产生了愤怒的情绪，甚至会产生攻击性。

二宝降临后，大宝可能会历经情绪的变化，从兴奋到妒忌，甚至会完全排斥二宝。较小的孩子可能无法用言语表达感受，但他们可以用"行为退化"的方式来表达抗议。可能开始吸手指、想喝奶瓶、突然不会自己上厕所了、回到用婴儿语说话，想要极力引起父母的注意。较大的孩子可能会测试你的耐性，比如用发脾气或拒绝吃饭来表达自己的感觉。

曾经发生过这样一件事情：一位妈妈带着两个孩子——哥哥和妹妹——去超市买东西。买单时，妈妈让哥哥看着妹妹。结果等妈妈买完

第六章 爱的疗愈：当创伤不可避免，父母可以帮孩子做什么

单转身出来，却发现妹妹已经丢了。妹妹非常小，才刚会走路。哥哥大概七八岁的样子。到底发生了什么？原来这个哥哥早就想"报仇"了，他把妹妹带到拐角处，然后自己跑了回来。当妈妈拉着哥哥去找妹妹的时候，妹妹已经失踪了。

这样的家庭悲剧为什么会发生？

当记者去采访这个孩子的时候。这个孩子说，妈妈怀妹妹的时候就一直不太关注他。而且妈妈在医院生妹妹的时候，他一个人在医院冰冷黑暗的走廊里坐了一整夜。他害怕地哭了，可所有亲人——爸爸妈妈及所有亲戚都不理会他，甚至在他哭的时候，还大声地呵斥他。在那一刻他感觉到被全世界抛弃了。

所以，这颗仇恨的种子早就埋下了。后来的事，不过是这颗种子生根发芽长大后的结果。这是一个情绪的种子、缺爱的种子、怨恨的种子，也是父母没有处理好两个孩子关系的种子。

有一种鲨鱼，在妈妈体内孵化，先孵化出来的小鲨鱼就会把卵中的弟弟妹妹作为食物；流浪猫妈妈，常常会因为没有足够的觅食能力，而抛弃身体较为弱小的小猫。相同的资源总量，会由于同辈的存在，而导致分配到自己头上的数量变少。而人类作为动物家族的一员，从出生开始就不可避免地从天性上和同辈存在竞争关系。所以我们做父母的要清楚这一点，孩子从天性上是排斥弟弟妹妹的降生的。

更不要提孩子在过去的生活中，像个小公主、小皇帝一样被家里捧着供着，而弟弟妹妹的降生会马上吸走大部分的关注，自己获得的关爱反而不到原来的一半。由于二宝的到来，自己成了"边缘人物"，甚至处处都要让着二宝，心里怎么能不恨呢？

对于大多数3~12岁的孩子来说，他们对自己所处世界的认知，还是一个非常自我的世界，他们的自我存在感很强烈：妈妈只能是我一个人

171

的妈妈,爸爸只能是我一个人的爸爸,家里的玩具都是我的。由于长期是被关注、被在乎的焦点,他们理所应当地认为世界只能是他们的,并将此作为寻找安全感的港湾,认为这个世界是不能被改变的。

如果有一天被告知将有新的成员来和自己分享自己世界的快乐时,那么之前稳定的安全感就被打破了。很多父母经过一番试探之后,孩子对二宝的抗拒心理仍然严重,不得不放弃二胎决定。还有的父母则是采取逃避的方式,然后在某一天"粗暴"地让二宝猝不及防地出现在大宝面前,让二宝变成大宝的不可抗力。这时大宝的整个世界都崩溃了,既给大宝心理造成了巨大打击,也不利于日后二人关系的良性发展。

所以什么是正确的安抚步骤呢?

1. 万事开头难:怀二宝前,对大宝进行充分的心理建设。

父母想要第二个孩子的时候,要先跟第一个孩子沟通。当然,如果孩子还太小的话,你也可以用别的方式和他沟通,让他明白:你是爸爸妈妈的第一个孩子。爸爸妈妈首先会考虑你的需要,我们始终都爱你。

父母计划要生二孩前,可以尝试通过图书、故事与游戏等方式来逐步告知大宝:你和其他的小朋友一样,会有一个自己的弟弟或者妹妹,弟弟妹妹的到来会让你在自己家里有一个好伙伴,只会让你生活得更快乐。

在生活中可以见缝插针地给大宝暗示,比如玩"过家家",扮演如果有了弟弟或者妹妹,观察大宝的生活或者行为方式会是怎么样的。另外,可以带着大宝去已经有俩宝的家庭串门,让他近距离地接触小宝宝,了解别的小朋友是怎么同弟弟妹妹相处的。

一位孩子的妈妈跟我分享了她的故事:她和老公给孩子做过一段时间的工作,但孩子对于生二胎这件事情仍然十分抗拒,孩子一直担心自己的爱被分走,每次试探她都大哭不止。这位妈妈害怕孩子有心理阴影,就没敢再提这事。

第六章
爱的疗愈：当创伤不可避免，父母可以帮孩子做什么

后来事情有了转机，一次她看到微信上有朋友晒出二胎的照片，觉得很有趣，就和自己的女儿分享。女儿看了之后表示同意爸妈再要一个孩子，但是得写一份保证书。这位母亲这才如愿以偿地和丈夫准备生二胎。

让孩子意识到新降生的弟弟妹妹能给他们带来的好处，不止这一个办法，我们聪明的读者爸妈们应该好好发掘适合自己家庭情况的办法。

家里同时存在多个孩子，对年长一些的孩子分配的精力减少了，这是难免的。孩子容易把"分配精力"和"给予的爱"画等号。如果我们在大宝产生抗拒情绪后，仍在这个"事实"上进行辩解，企图获得孩子的谅解，未免显得有些苍白无力。因此，我们应该找一些更能抓住孩子关注点的角度，告诉他弟弟妹妹会带来的益处，让孩子真心接受。

需要再次提醒的是，切勿在大宝毫无心理防备的情况下就把二宝带到世界。比如在孩子不知情时怀孕，在待产期间把孩子送到爷爷奶奶家。这样，当孩子回到家中，不但无法接受突如其来的弟弟妹妹，甚至不知道该如何面对欺骗自己的父母。

2. 共同守护：怀孕期间，让大宝更有参与感。

很多妈妈在怀上二胎之后，害怕孩子有情绪而不愿意告知。但这就像一颗定时炸弹，迟早都要引爆。如果在怀孕之前没有告知，现在坦承还来得及。倘若这时孩子仍有抗拒情绪，我们应该持续第一步中的原则——让孩子感受到弟弟妹妹带来的益处。

在妈妈怀小宝贝的时候，让大宝经常陪伴在身边，让他摸一摸妈妈的肚子，听一听肚子里的动静，然后告诉他：这是你的弟弟/妹妹，他们生出来以后会跟你一样弱小，需要保护。你和他一样也是这么来的，你是他的哥哥/姐姐，你愿意和妈妈一起来照顾他吗？让孩子隔着肚皮和里面的宝宝对话，在宝宝出生前便建立起二宝之间的感情枢纽。

在给二宝出生准备婴儿用品时，有必要让大宝参与，给大宝讲解各种用品的使用方法，并告诉他这些都是你小时候使用过的，充分发掘大宝的兴趣并让大宝给你出主意。

此外，怀孕期间为二宝的出生准备物品时，不要忘记也给大宝买一些他喜欢的玩具，让他感到爸爸妈妈也同样爱他。

3. 任重道远：二宝出生，应更重视大宝情绪。

尊重大宝，并且让他知道自己对弟弟/妹妹也是有价值的，这会让他觉得安全，并且有价值感。他会很愿意帮你一起来照顾弟弟妹妹，体现出哥哥/姐姐的责任心。

在古时候，有个故事叫孔融让梨，是小的让大的。所以当我们要分水果、糖果的时候，不妨先让弟弟/妹妹拿去给哥哥/姐姐吃。哥哥/姐姐得到了这种尊重，他会反过来把更大的水果、更好吃的糖果分给弟弟/妹妹。这样兄弟姐妹之间的关系就会非常和谐。

二宝的降临往往会消耗父母甚至祖父母/外祖父母的大量时间精力，这种变化是显著的，而大宝也是能明显感觉到的。这时的大宝难免会失落、焦虑。父母需要优先照顾大宝的情绪，因为大宝刚开始拥有的是父母100%的爱，现在只剩一半了，心里容易产生落差。而二宝一出生就已经有哥哥/姐姐，自然容易接受这50%的爱，所谓没有比较就没有伤害。

归根结底，父母生二宝这件事，在关注度上对大宝绝对是一种损失，因此在大宝因为吃醋而闹情绪时，父母一定要无条件地安慰他，用实际行动给予大宝比二宝还多的关心。而最终目的，是希望俩宝之间能够手足情深。

同时，持续巩固大宝的参与感。让大宝照顾二宝，进行拥抱、抚摸、讲故事等各种互动，并对大宝大力称赞，让他们之间的情感（或许只是大宝单方面的情感）更加深厚。而在大宝照顾二宝这段时间，父母并不需要为该给谁分配更多的时间而头痛。

最后，要创造机会多陪陪大宝。有的父母因为认为自己精力有限，在

爱的疗愈：当创伤不可避免，父母可以帮孩子做什么

二胎出生后可能会把大宝暂时送到爷爷奶奶那边，这是不理智也不聪明的做法。父母通过合理安排，可以创造和利用好每一次陪伴大宝的机会。如可以带着二宝到学校接送大宝，全家四口一同外出旅行。况且婴儿睡眠不规律，在白天也可以抓住大把二宝睡觉的时间，陪伴大宝。随着大宝长大、上学，他能够陪父母和二宝的时间也在慢慢减少，父母应该尽可能抓住每一次机会，让大宝感觉到家里其他三人都在他的身边。

二宝的出生，会让大宝和家人产生很大的心理变化，甚至会造成心理上的冲击。只要爸爸妈妈提早做好准备，小心处理，能够体会和关注大宝的感受和需要，这种冲击在帮助之后可以得到很好的平复。请爸妈们做好准备，让大宝享受与弟弟/妹妹的亲情和伙伴时光吧！

3

重组家庭：后爸后妈如何收获孩子信任

为什么后爸后妈难做？几乎每一个后爸后妈都会遇到新家庭孩子的排挤，这是相当正常的。这里面最大的原因，依旧是家庭序位。

大家站在孩子的立场感受一下，如果一个跟自己非亲非故的人有一天闯进了自己的家，对自己说："以后我就是你妈。"请问你能接受这样的"妈"吗？在我们每个人的心中，亲生母亲的位置都无可替代。如果有任何人要占据这个位置，我们内在就会对她产生巨大的抗拒。

有了这样的微妙关系，后爸后妈和孩子间就会发生一些意想不到的难堪场面。如孩子对后妈没大没小，甚至处处给后妈"穿小鞋"，让她下不了台。新家庭的孩子会做出不礼貌甚至刁难的行为，和他们原本家庭的教育固然脱不了关系，但这和他们熟悉的家庭环境的突然改变息息相关。

有的后爸后妈在进入新家庭之前，心里想的是不能让自己和孩子受气。电视剧里常常会出现这样的情节：后妈带着孩子进入新家，进门先给家里的其他人一个"下马威"，让对方知道他们是不好惹的。

而面对不是自己亲生的孩子，家庭的后来者仿佛处处都会受限：当孩子不懂事犯错时，后爸后妈们会因为孩子不是自己亲生的，而无法给予有效的批评和教育，孩子顽劣的一面得到纵容。

而如果再婚的双方都是带着自己跟前任的孩子进入这个新家庭，那么这个家庭的关系会变得更加复杂。对于带着自己孩子来到新家庭的后爸/后妈，如果急于求成，处处偏向另一方的孩子，那么又会使己方孩子感

到不满，在孩子之间埋下仇恨的种子。

重组家庭面临的是众多复杂的人际关系和矛盾，处理好新建立起的亲子关系，需要夫妻双方的共同努力。

那么，再婚家庭要如何做才能化解这些矛盾呢？

重组家庭的维护应该从建立的第一天开始。

重组家庭这件事的发生，和上一个家庭的离婚一样，决策者在于父母，对孩子来说都是不可抗力。如果孩子因为新家庭产生不适，那也是因为他们是受害者，他们并没有过错。

在这里，我们提供几个处理重组家庭亲子关系的原则或者策略，供后爸后妈们参考。

1. 填补新家庭的位置，从尊重前任开始。

首先，要认清后爸后妈的身份本质：自己跟伴侣是平级关系，而跟伴侣的孩子由于没有血缘关系，其实也相当于平级关系，或者叫朋友关系。后爸后妈要承认这样的序位。

举例来说，当一个后妈进入新家庭，首先要尊重孩子的态度，因为这个孩子比你先来到这个家庭。你要尊重先来的人，你可以通过适当的方式告诉他："我很尊重你的母亲，她对你来说是无可替代的。只是当她不在你身边的时候，我愿意来陪伴你和照顾你，我愿意做你的朋友。"倘若你是这个孩子，听到一个长辈这样对你说话，你心中是否会更容易放下芥蒂呢？对孩子以及孩子亲生父母的这种尊重，应该是无条件的。只有这样，才能为自己赢得尊重。

当你放平自己的身份跟孩子从朋友做起，跟孩子他爸从伴侣做起，你同时扮演着两个级别的身份。这事情确实不容易。直到有一天这个孩子觉得你真的很好，他有可能也会喊你一声"妈"。这个"妈"不代表你生了他，而是代表着一份养育之恩，这样后妈才会做得好。

有一对重组家庭的父母曾找我咨询。男方在原有家庭育有一子，后来又和现任妻子组成家庭并生了孩子。但妻子容易吃前妻的醋，尤其是丈夫跟前妻一家进行亲子活动时。丈夫为了安抚妻子，不得不说一些贬低前妻的话。于是我问这位母亲：如果这个男人对他的前任态度极其恶劣，那么作为现任，你会有什么想法或担心呢？她冷静地思考了一下，说："我担心以后他也会用同样的态度对待我。"

我对她说，一个男人如果贬损他的前任，那么他跟现任分手后，也很有可能会贬低现任。在这一点上，前任和现任站的位置是一样的。一个男人越尊重自己的前任，就说明他对女性越尊重。作为现任首先不要去吃前任的醋，而是要去尊重她。只要丈夫跟前任在内心和言行上都保持身份界限，那就没有什么好排斥的。

如果这个男人懂得尊重前任，那么说明他是一个尊重女性的人，未来的你也更可能得到同样关爱有加的对待。这时更加不应该对他的前任吃醋，而应该和现任一起，感激前任对家庭和孩子曾经的照顾。现任要尊重前任，而不是排挤爱人心中前任的位置，那样的排斥事实上也会把爱人推得越来越远。

2. 现有家庭优先。

在前任家庭与现任家庭都需要被照顾时，我们该优先照顾哪边呢？

我们常常遇到让人伤脑筋的"落水问题"，让我们设置一个同样两难的情景：

有一位男士离异后再婚，他跟两任妻子分别生了一个孩子，前任跟孩子住在一起。

假如前任和现任的孩子同时生病了，这两个女人都很着急，而偏偏这两家人距离很远，请问这个男人应该先帮哪边？

当两者发生矛盾时，我们就需要遵循一个原则，叫现有家庭优先。也就是优先关照现在的家庭——这是他自己之前就做出的决定：他离开了原来的家庭，重新组建了现任家庭。

如果他出于距离近或者前任孩子问题更严重的原因，先去帮前任的家庭，那么也需要先跟现在的妻子沟通、请求，获得她的理解和支持之后才能执行。

假如我们不按照这样的次序，那么会有两种可能：一个就是现任的心胸非常宽广，她可以接受自己永远做"小"的，而不是最重要的。另一个就是她把这些情绪积压下来，在心里忍着，可是将来有一天当两个人关系出现痕的时，这些情绪就很有可能一并发作出来，而这个男人也要承担自己选择的后果。

现在的家庭，就是你最重要的关系。

3. 让亲生父母发挥作用。

在新的家庭中，当孩子表现出不好的行为，我们如果贸然进行教育，非常容易引起孩子情绪反弹，并把从亲生父母离婚受到的痛苦转化成仇恨发泄到你头上，甚至以破坏行为的方式出现。

如果遇到这种情况，应该告知孩子的生父/生母，由他们去判断和解决，作为继父母，在和孩子没有建立起稳固的亲子关系前，只需要支持他们生父生母的决定就好。重组家庭中父母和继子/继女的关系需要时间去建立，当你支持孩子生父或生母的做法（即便并不认同），你和孩子的关系也能够更快建立起来。

孩子从上一个家庭带出的伤痛，也需要时间和他们自己的成长去抚平，如果继父母们总想抚平孩子的伤痛，而和他们的生父母形成竞争关系，一味攀比"到底谁对你更好"，那么这种努力并不一定有好的效果。

在重组家庭形成之前，我们对另一半的了解大多都只停留在他们对待爱人的态度和方式上，当新的家庭产生，他们对孩子的养育方式才得以在我们面前呈现。当我们不认同另一半的养育方式时，应该用温和的态度去交流，并对他们曾经对孩子付出的教育给予充分肯定。

作为一个新来者，无论在育儿方面多么先进、多么科学，也比不过拥有血缘关系的亲情有效。一旦在育儿这件事上成为伴侣前任的竞争者，那么你将会处于腹背受敌的境地。如果可行，我们应该和伴侣的前任在养育孩子方面形成共同战线，当孩子看到你和他们的亲生父母有着融洽的关系，他们会觉得亲生父母的爱可以通过你被复制到他们的身上，而他们对亲生父母的信任也会被复制到你的身上。

新的连接和安全感的建立，需要一个较长的周期。重组家庭最大的问题是沟通时怀着敌意和猜忌，不愿谅解、包容。重组家庭成员都曾因婚姻不幸而受过伤，虽不愿新家庭再掀波澜，沟通时却常容易指责对方自私、偏心，期待所有人多点体谅和尊重，却忽略自己是否做到了同等付出。

所以，在互动上，我们要多给对方一些时间和空间，别急着逼迫每个成员将立场和感受全盘托出，同是天涯沦落人，多一点疼惜、宽容，让自己好过，也让全家人都好过。

给你的伴侣和他自己孩子单独相处的时间，这可以减少孩子觉得自己"被替代"的失落感。当孩子能够单独和自己亲生父母在一起时，他们会感觉到自己并没失去父母的爱，也就更容易接受新的家庭。

因为我们是住在同一个屋檐下、共同生活的家人，无论有无血缘关系，重要的是我们每天生活在一起，有共同维护这个家的权利和义务，继父母、继子女都是家人，要共同维护这个历经风雨、重新再生的家，彼此尊重各自拥有的生命经验。

单亲家庭：有一种爱叫作放手

很多人都觉得单亲家庭里的孩子能够比一般家庭的孩子更加早熟、懂事。的确，因为他们在小小年纪就面对父母缺失的困境，需要尽早成长起来，故而自我意识的觉醒会更早萌发。

心理学认为，人的性格底色源于人的儿童时期，潜意识往往在幼小时候就种下种子。所以在孩子奠定基本人格的时候，如果经历了从双亲和睦到家庭解散的过程，从心理机制上来说，孩子终其一生都会被这件事所带来的思想和某些观念影响着。

如果单亲家庭对孩子的爱不恰当，那么孩子可能从小就被父母进行错误的引导，发展到另一个方向。下面就是一个单亲妈妈的故事：

这位妈妈年近五旬，十年前的一场变故夺去了她的丈夫和一个完整的家。她也由一个只会依赖在丈夫身边的"女孩"，突然间变成了一位单亲妈妈，带着十几岁的儿子相依为命。

"那一刻，我开始怀疑自己的人生，我紧紧地抱着儿子，痛哭流涕，他用稚嫩的语气跟我说：'妈妈，将来长大了，我要保护你，我要赚很多很多钱去孝敬你。'那一刻我觉得不管多苦多累都是值得的。所以我一直都是一个人，也没有再去找一个男人，我把儿子当作我全部的精神支柱，他就是我的一切！"这位妈妈说道。

丈夫走后，她既要负担起家庭经济的重担，又要照顾儿子，身心疲惫，最后迫不得已，让儿子寄住到了老师家里，就这样一直到了高中毕业。

然而就在儿子考上大学时,她的事业跌入了低谷,无力支付他高昂的学费。儿子说:"妈妈,如果我现在就走上社会,我会觉得很遗憾。"因为儿子这句话,她四年来不断借钱供儿子读完大学。

"那个时候我自己也很低迷,并没有意识到这对儿子的将来有着怎样的影响。如果能重来一次,我宁愿粗茶淡饭,也要每时每刻和儿子在一起,陪他一起聊天、吃饭、玩耍。"

渐渐地,她发现儿子身上有很多缺点,胆小怕事,不够自信,不善与人交流。直到后来,变得越来越奇怪,儿子甚至开始排斥她,将她视为一个陌生人。她试图和儿子敞开心扉聊天,却得到他冰冷的回应:"别人都说妈妈是对我最好的,但我却丝毫没有觉察到你的爱。"听到儿子这么说,她感觉自己快要精神崩溃了。之后更是整日忧心忡忡、泪流满面,白发也爬上了头。

这位妈妈和儿子的亲子关系在单亲家庭里很常见。父母觉得自己和孩子有"相依为命"的感觉,把孩子作为自己的依靠,希望孩子懂事、爱自己,但却往往忽略了孩子未成年之前基本是"爱的接受者"的角色。如果他要强行在年幼的时候向父母"输出爱",就容易变成"爱的讨好者",无法任性地按照自己的想法活动,而是一直察言观色,妈妈开心他就开心,妈妈不开心他也不能开心。这种教育模式下极易让孩子形成讨好型人格,性格敏感,过于在意别人的想法、看法。

这位妈妈对孩子产生了过度的感情依赖,心里其实在某种程度上已经把儿子当成了丈夫,当成一种心理寄托。她把对去世丈夫的思念、不满甚至怨恨都转移到了儿子身上。这种爱对儿子来说已经是一种负担。

父母如果心里不愿意割舍孩子,就会在潜意识里阻挠孩子与外部的接触,如规定孩子的归家时间等。但孩子在每个年龄段都有其成长的任务,如果单亲爸妈时时刻刻都抓得紧紧的,把自己认为正确的东西强加给他,

第六章 爱的疗愈：当创伤不可避免，父母可以帮孩子做什么

孩子必然会产生不适情绪，和父母发生冲突。在孩子已经足够大时，妈妈应该做的是让儿子离开自己，去寻找自己的人生，而不是用爱来对孩子进行道德绑架，让他们永远留在自己的身边。

许多放不下的单亲爸妈假借关心之名，仍维持情感依赖之实，用爱来捆绑孩子。这样的爱好沉重。而且最危险的是，他们还往往陶醉在这样的付出中，觉得自己很委屈，应该被感激，气孩子不体谅、不懂事。

在情感方面对孩子过度依赖会造成以下破坏性结果：第一种，无法逃离、顺从的孩子变得无法独立，造成两方病态共生的情况：孩子继续依赖以逃避面对未来，单亲爸妈则继续提供逃避的空间避免孩子离开自己。第二种，有自觉、想自立的孩子用决绝的方式逃离，却怀抱罪恶感，也拥抱着孤独。不管哪一种，你与孩子皆有可能"心生病了"，要花许多时间疗伤。

对于单亲家庭来说，还有一种最常见也是对孩子伤害最重的事，就是有的爸妈会干预孩子的婚恋。他们觉得自己一个人辛辛苦苦把孩子抚养长大，不能再让孩子走自己的老路，要求孩子必须按自己的经验和标准来择偶。有这种心理的父母，打着"我是为了你好"的旗号，让子女无法亲自面对自己的婚恋问题，甚至主导这个问题的最终决定，最终给孩子的人生造成不可挽回的伤害。

尤其是一些从小便被管制得"无微不至"的孩子，到了正常婚恋的年纪，却往往会犹豫，不知道自己究竟喜欢怎样的异性，甚至在与异性接触时，首先想到的是："这个人我爸爸或妈妈会喜欢吗"？

我想对单亲爸妈们说：千万不要"舍不得孩子"。孩子长大、恋爱、步入婚姻，都有他自己的人生选择，我们没有权利进行干预。除了孩子自己的感觉，其他的意见和建议都只能作为参考。尤其当孩子步入婚姻，每天要在柴米油盐中过日子，这个过程中是否开心，完全取决于夫妻两个人的磨合。父母作为"旁观者"，无法决定他们的婚姻是否幸福、生活是否和谐。

所以，我想对单亲爸妈们说，如果孩子成年了，就应该放手，让他们独立选择自己喜欢谁、爱谁、与谁结婚吧。我们作为父母，只要在孩子成长的过程中，给予他们正确的观念和信念，培养他们独立、自信的能力，孩子会自己找到婚恋的幸福的。

总而言之，单亲爸妈们不要把所有希望都寄托在孩子身上。如果一个单亲爸妈没有属于自己的时间，没有自己的快乐，把所有的希望倾注在孩子身上，这对孩子来说是不能承受之重。给孩子足够的爱，是为了日后让孩子有更充足的能量展翅离开这个小家，而放不开的爱会让孩子过早折翼。照顾孩子不是照顾小时候的你，孩子没必要成为你待完成的理想或目标。

最后，也是最重要的一点，我们要调试好自己的心态。离异不是什么洪水猛兽，我们不需要过度紧张或自责。只要我们内心足够强大，努力把心态放平，依然可以用适宜的教育帮助孩子成长为一个积极乐观、独立自信的人。

父母的角色并不是我们唯一的价值——我们除了是爸爸、是妈妈，我们还有自身应有的价值。想象一下，如果孩子大了，你的义务已尽，可是你没有属于自己该追求或想追求的事，则空虚之余必定会试图继续捆绑子女，结果只能是两败俱伤。

所以，单亲爸妈越是难当，越需要我们努力去寻找自身在养育孩子之外的价值。仔细想一想：育儿的阶段性任务完成之后，我们还能做什么？试着活出属于自己的价值，放开手，别让爱变成破坏。

5

领养家庭：到底要不要告诉孩子真相

每个孩子都是上天所赐的宝贝，但是当今社会却有越来越多的孩子因为各种原因，无法得到家庭妥善的照顾。很多结婚的夫妻也会因为生育能力问题或其他原因，希望领养一个孩子，和他们和睦相处，让他们快乐成长。

孩子离开了亲生父母，来到了现在的家庭——养父母的家庭。很多养父母会本能地认为小孩子什么都不知道，尤其是有些养父母在孩子刚出生的时候就将他"抱回家"，更觉得自己完全可以不对孩子时说出真相。只要自己不说，孩子永远也不会知道，也没有必要知道。

还有一些父母，特别担心孩子知道真相后会不爱自己，想办法尽量隐瞒孩子的真实身份，不让他听到外面的任何风声。

但事实上，在潜意识里，所有的孩子都知道真相。孩子在胎儿时期就已经发育出了大脑皮层，因为人的记忆其实从妈妈肚子里就已经有了。即便孩子是从很小的年纪就被领养，养父母努力地隐瞒这个秘密，孩子的内心也常常会怀疑自己是否真的是亲生的，或者对养父母始终有一种怪异的感觉。这其实就是孩子潜意识在不断确认：那个自己熟悉的妈妈的感觉为什么不存在了？

这些带着巨大分离创伤的孩子，内心对父母有许多期待和需求无法满足，会转变成对"亲生父母"的强烈情绪。这时候，养父母正好过来宣称自己是"亲生父母"，那就是撞在了枪口上。孩子会把所有情绪向养父母发泄出来。因此，许多养父母都会很无力地发现，无论自己给孩子多少爱，似乎都无法填平孩子内心的黑洞。

有一对李氏夫妻，带着15岁的养子来到课堂。他们原本准备在儿子16岁生日时把真相告诉他。可是最近他们感到自己实在无法等到孩子16岁，因为孩子在家里总是跟养父母吵架。他还时常偷钱，离家出走，泡酒吧，深夜醉倒在马路边。每当这时候，夫妻俩总是彻夜难眠，到处寻找孩子，在无数个黎明到来之前，把孩子"捡"回家。因为经常与孩子产生冲突，并且长时间处于焦虑、愤怒的情绪中，夫妻俩身体也患上了严重的疾病。他们感觉自己生命的能量在不断被一个黑洞吞噬，越发无力和恐慌。

事实上，这个孩子内心一直都知道自己是被亲生父母抛弃的。他这十几年只是不断地在验证一件事情："我是值得被爱的，不论我做什么，'父母'都会包容我，哪怕我像垃圾一样躺在路边，'父母'也一定会把我找回去。"然而，不论养父母付出多少爱，都无法替代亲生父母的位置。这就是通过"欺骗"的方式"占有"别人家孩子的代价。

对于养父母来说，一直将领养的秘密隐藏，也会对自己造成一些心理伤害。因为你潜意识里也知道自己是撒了谎的，心里会产生相应的愧疚感乃至负罪感，久而久之也会产生一些不自然的应激反应，造成亲子相处的障碍。

在冯小刚导演的《唐山大地震》里，有这样一个情节：一个军人家庭在灾难中领养了一个小女孩，夫妻俩一见面就让那个小女孩叫自己爸、妈。后来这个家庭发生了什么呢？那个小女孩非常叛逆，跟无比宠爱自己的养父又结成了"同党"，一起对抗养母，使得养父母的夫妻关系遭到破坏。孩子最后叛逆地逃离了养父母的家。而养母由于长期生气、焦虑等情绪

爱的疗愈：当创伤不可避免，父母可以帮孩子做什么

原因，得了绝症，过早地去世了。女孩过了很多年，才跟养父母的家庭和解。

在我们机构专业心理老师的支持下，李氏夫妻也同样经历了不少波折，才化解掉这个家庭矛盾，让领养的孩子也健康成长起来。他们是怎么做到的？看完后面的内容，你就会了解处理这类关系的基本方式。

领养别人的孩子，除了容易给养父母带来伤害之外，还很容易伤害到自己亲生的孩子。

我们站在亲生孩子的立场感受一下：自己的兄弟姐妹来跟我争夺父母的爱，我尚且愤怒、委屈，更何况是别人家的孩子？而且被领养的孩子由于处于弱势地位，更容易引起父母的同情和偏袒，这对自己亲生孩子的伤害就更大了。轻则叛逆，重则离家出走，更有甚者，亲生孩子付出生命的代价，把自己的"位置"让给领养的孩子。

如果事实被隐瞒了多年之后孩子才知道真相，这反而会让孩子对养父母产生更大的情绪："为什么你们要欺骗我这么久？！为什么不让我去找亲生父母？"进而引发更多矛盾和危机。

领养孩子，过去多由专业的慈善机构去做这件事情，比如孤儿院、寺庙、教会等。因为在这些组织里，没有人会自称是孩子的亲生父母，这充分尊重了亲生父母的位置。而且孩子周围也是同类，生活在相同群体之间，更能够获得心理平衡。

那么，对于已经领养了孩子的家庭，到底要不要告诉孩子真相？如果要，什么时候告诉他才是最好的时机？

养父母最好在孩子懂事时，就开始给小孩解释领养的概念。否则某一天当孩子在学校听到同学说"你不是你爸妈亲生的"，无法想象他要承受多大的心理打击。而这样的事情是非常有可能发生的。

当孩子回家质问时，如果回答"是"，那么毫无疑问你在孩子心目中就成了骗子；如果回答"否"，那么我们将继续承受欺骗孩子的不安。无论正反，都会影响亲子关系健康发展。

如果我们家长可以从孩子记事起，就有意告诉孩子整件事情的来龙去脉——当然，要以比较艺术的沟通方式——这样才有机会避免进退两难的境地。可以委婉地向孩子解释："你3个月大时，我们从福利院接你回来，当时很开心遇到了你。"每夜临睡前，向孩子说："我们不是生你的父母，但也会爱惜你，我们是一家人。"让孩子从小开始，慢慢理解自己和领养父母之间的关系。在母亲节或孩子的生日时，可以和孩子分享你们所知道的孩子亲生父母的信息。养父母从子女年幼时开始谈及这个话题，孩子可以不在欺骗中成长，父母也可以不再带着欺骗的心理负担抚养孩子，同时也能避免孩子后期听到身世真相心理防线崩溃的情况出现。

养父母对领养的孩子要有这样的心态（在孩子能够理解的时候，也要向孩子表达出来）："孩子，你是你亲生父母的孩子，他们由于一些原因不能陪伴你。我们很尊重你的亲生父母，他们的位置是无可替代的。我们是你的养父母，当你亲生父母不能陪伴你的时候，我们愿意陪伴你成长，我们也会尽力帮你找到亲生父母，跟他们保持联系。如果找不到，我们也愿意一直照顾你长大成人。"当养父母能够将自己摆对位置，尊重孩子的亲生父母，孩子也会渐渐理解：自己被遗弃不是养父母的问题，而养父母恰恰是对自己有巨大恩情的人，如此内心里反而会对养父母生出一份感激和尊重。倘若这个孩子后来还跟自己的亲生父母和解，那么这个孩子就拥有了两对父母，那是更加强大的家庭支持力量！

坦承领养关系，是我们和领养孩子无障碍交流的基础。

的确，很多孩子在知道自己和父母的领养关系后，可能会在心里设防，如在被教育的时候会觉得自己受到了恶劣的对待，会想：如果爸妈是亲生的，肯定不会这么对我。如果是在重组家庭中，亲生的爸爸/妈妈还可以站出来发挥作用，但在领养家庭，有的只是和孩子毫无血缘关系的养

第六章
爱的疗愈：当创伤不可避免，父母可以帮孩子做什么

父母，如何才能让孩子不产生距离感，而得到更恰当的教育呢？

有很多父母会选择拿出大部分精力围着孩子转，为的就是不让孩子"产生距离感"，不但给孩子吃穿保障，甚至对孩子的种种要求也全盘答应。这样的溺爱对孩子实则是一种伤害，尤其是在孩子突然知道自己的身世后，知道自己本该不属于这个家庭后，他会把父母无微不至的关心视作客套讨好的表现，更加觉得自己是这个家庭的局外人。

因此，父母面对领养的孩子，需要做的是真正站到父母的位置上去，虽然与孩子刚见面时，你们的关系是伙伴、朋友，但父母需要快速进入孩子上层的序位，让孩子更加有归属感。

在重组家庭中，孩子有亲生父母的血缘关系，继父母可以缓慢从朋友过渡到父母，且并不是必要的，因为家庭中不缺乏父辈角色。但在领养家庭中，我们需要快速进入角色，和孩子建立起依附的关系。当养父母持续回应孩子的心理和生理需要，彼此之间就会建立起依附与被依附的关系，让双方的信任和关系得以继续发展。一段安全和健康的依附关系对经历过缺失的孩子尤其重要。

像对待亲生子女一样对待领养的孩子是需要坚持的，包括在教育孩子时不会因为没有血缘关系而"见外"等。如果因为害怕得罪孩子而对子女冷淡拘谨，反而会增加彼此间的陌生感，以及被领养子女对父母的不信任感。

养父母应注重情感上的投入，养父母爱护被领养子女的情感越深，越能拉近双方的心距。养父母对被领养子女的真诚爱护和殷切希望，对被领养子女的身心健康发展有明显的影响，它有助于对被领养子女实施良好的家庭教育，助其成才。

不过，很多养父母会有这样的担心：如果我们向孩子坦白，孩子以后"不认"我们，甚至不听我们的话，该怎么办？

有很多养父母特别怕当孩子知道真相后，会试图去寻找自己的亲生父母。仿佛那就意味着：他们要离开自己，再也不回来了。但其实，寻找亲生父母，并不意味着否定养父母。被领养者可以决定寻根，追查自己的身世和亲生家庭。被领养者很自然会对亲生父母、兄弟姐妹或其他家人的身份感到好奇。追寻自己的过去不一定代表他们想和亲生家庭重聚。他们可能只是好奇、感到缺失，或想为自己的疑问寻找答案。了解自己的身世对被领养的孩子很重要，但得到领养父母的支持亦同样重要。

父母的恩情有两种，我们都报答不尽。一种是生育之恩，另一种是养育之恩。作为领养家庭的孩子，他们有两对父母，一对是生他的人，一对是养他的人。养父母跟亲生父母一样值得尊重和感激。

养父母从领养孩子的那一天起，就要做好所有的心理准备——你很有可能得不到任何的回报，你是在替别人养育孩子，如果孩子要回去，那也是理所当然的事情。如果没有成全另一个家庭的心量，就不要做领养的事情。

领养孩子，从性质上来说就是在做慈善，慈善是无私的奉献，若带有执着和私心，就会遭到系统反噬。如果没有足够好的内在修养，尽量还是避开这样的关系吧。

爱的疗愈：当创伤不可避免，父母可以帮孩子做什么

第六章

及时修复分离创伤，避免亲子间的联结断裂

我们在长大的过程中，一定都曾有过和父母分开的时段——最短不过是他们上下班出门的时间，而遇到父母离婚或过世的情况，我们或许就永远和他们分开了。孩子可能由于各种各样的原因和父母分开一段时间，比如父母忙于工作，没有时间照顾孩子，多会交给爷爷奶奶、外公外婆或亲戚照顾，可能周末才见一面，很少有时间彼此陪伴。孩子情感上会把照顾他的人当成自己的父母，回家后与父母难免会有隔膜。

在心理学上，这叫"分离创伤"，或"亲子中断"。分离创伤或亲子中断的程度有轻有重。分离程度越重，修复起来就越困难。

比较严重的，如现在农村比较普遍的"留守儿童"。在一部有关留守儿童的纪录片里，有一个被留在老家的孩子，每天都在村口的大树下等妈妈回家。日复一日，年复一年。终于有一天，妈妈回来了，孩子却不知所措。他看着妈妈进屋，自己却躲在门口，低着头，不安地看着地面，不停地玩弄着手指，两脚来回在地上蹭。

他甚至连一声"妈妈"都叫不出来。孩子看到母亲的第一反应，不是因为想念而迫不及待地上去拥抱，而是回避。由于家长长期和孩子分居两地，没有见面也没有任何交流，分离的创伤便降临到孩子头上。

婴儿时期，我们认为母亲是全部的世界，与她分离就像是失去了生命。空虚与失落的经验、绝望与怅然的感受——这些都可能因为早期分离而产生。由于太年幼，孩子单凭自己的力量往往无法处理创伤，这些体验便会对其未来生活造成持续的伤害。

有过长期亲子中断的经历后，孩子便不再充分信任父母，无法跟随他自发的本能去接近父母。这种自然接近父母的模式被中断了。可是，这种对接近父母的强烈渴望仍然在持续，这种情感会转变成痛苦、愤怒和沮丧。

受过这种创伤的孩子，经常会陷入一种挣扎：一边是对爱的渴望和需求，另一边是因渴望得不到满足所产生的愤怒。所以，他潜意识里会经常性地拒绝一些他心底渴望或期望的东西；而对父母的渴望，通常也只能用一些很表面的方式表达出来。并且，随着年龄的增长，父母很可能已经不和自己在一起了，情绪表达的对象也不知转移了多少次。这些都是为了回避内心的原始情绪，即对亲近父母的渴望。

当孩子经历过亲子中断，要重新与父母建立起联结，可能需要一个很漫长的过程。如果父母与孩子未能完全重建起联结，之后孩子试图与伴侣或其他人建立关系时，便可能会有困难，造成"无法解释的亲密感缺乏"，让日常关系蒙上阴影。心理学家大卫·张伯伦（David Chamberlain）曾在一本书中如此描述这种感觉："亲密感和真诚的友谊似乎遥不可及。"

德国心理治疗师海灵格有一个哥哥和一个妹妹，可是不知道为什么，他的父母比较喜欢他的哥哥和妹妹，不太喜欢他。他小时候，父母移居到另一个城市，只把哥哥和妹妹带走了，把海灵格留给奶奶抚养，直到十几岁以后，他才回到自己家里跟父母一起住。所以海灵格自己也有亲子关系中断的经历。

当时德国正经历第二次世界大战，海灵格是反战的，被纳粹追捕。他妈妈谎称儿子有神经病，让他去当兵，才躲过一劫。所以他17岁就参军了。他的哥哥也参了军，海灵格去了西线，而哥哥去了东线。西线跟盟军打，东线跟苏联打。德国的东线部队没几个回来的，要么战死，要么被放逐到西伯利亚。而西线部队大部分被俘虏了，然后又被放了回来。当海灵

第六章 爱的疗愈：当创伤不可避免，父母可以帮孩子做什么

格经历了战斗、被俘、战败以及在比利时战俘营里的生活，回到家他妈妈看到他的第一句话是："为什么是你，而不是你哥哥回来？"

所以，对海灵格来讲，他从小是很少能够感受到母爱的，而海灵格其实也没有真正处理过他和妈妈的关系。但是他在所有的个案里面，在他所有的学问里，都一直在强调"妈妈"，强调一定要无条件地接受妈妈。其实，这句话既是对当事人讲的，也是对他自己说的。

我的一位来访者给我讲了这样的故事：他童年里最难过的时光，居然是学校放寒暑假的时候。由于父亲在部队工作，他只能在过年的时候见到父亲，而每次父亲从部队回到家，都是带着他到处串门，问候亲戚。探亲的时间又很短，父亲基本上没有时间和他坐下来聊天或者陪他玩。而到了学校放假的时候，母亲害怕他跑出去玩，每次都让他在家看电视、写作业，并把门从外面反锁上。

"一个人被反锁在家的滋味不好受吧？"

"简直是噩梦一般的存在。当我想到别的小朋友都在开心地享受假期，而我只能守着电视，心里实在不好受。虽然现在大了，也能理解母亲当时的行为，但现在想想还是很害怕。"

"害怕什么？"

"记得有一次我一个人坐在靠窗的书桌上往下看，心里想着：'要不我跳下去死了吧？'我当时可是一个只有八岁的小学三年级学生，对死亡也没什么概念，我每次想到自己差点因为被关在家死掉就会后怕。我很小的时候有外婆来家里带我，我反而没有这么孤独过。我当时开始恨我妈妈，但是又害怕她打我。"

"你妈妈那时候因为什么打你？"

"有一次我实在是气不过，她下班回家时，我把门从里面反锁了，导致她拿着钥匙在外面喊了半天。开始是生气地威胁我开门,听到我在里面反驳后,连哄带骗地让我把门打开。门打开后,我当然还是没逃过一顿打。因为那次被打得非常疼,我后来再也没敢做这种事情。妈妈回家我就在自己屋里磨蹭一阵然后出去盛饭,拿到屋里自己吃,吃完把自己的碗刷了。一直到初中我选择住校,才有了相对的自由,但是长期这样下来,我和我妈之间基本上没有对话了,她来学校给我送吃的,我也只是默默接过,然后就回宿舍了。"

"现在你和父母关系怎样了?"

"现在都这么多年过去了,我的思想也成熟了,没有在他们面前把陈年旧账翻出来。通过我主动打电话给他们,给他们讲我的生活近况,我们的关系才慢慢走向正轨,但也远没有完全恢复,因为我的童年是严重缺少他们陪伴的。

"现在我自己的孩子快上小学了,而我的事业也越来越好,能够陪他的时间也少,我很害怕我和孩子一不小心走上这条老路,担心孩子和我一样童年不幸福。"

这位来访者走过的心路历程,在中国家庭中是非常普遍的。小时候无法与父母建立联结,内心充满愤怒。等长大之后,脑袋里清楚他们年纪大,要尽点孝道,多回去探望和照顾,但是内心总是走不近,好像有道墙夹在中间,爱不容易流动。

所以,对于做父母的人来说,应尽量杜绝让自己的孩子遭受分离创伤。这并不意味着我们必须在孩子童年时寸步不离,而是在每次分离后,应该注意满足孩子对重新和父母建立联结的渴望,让孩子从被爱、被在乎中找回安全感和对父母的信任。

当我们要和孩子分离一段时间时,一定要告诉他们原因和这段分离持续的时间,让孩子心里充满重逢的期盼。当分离的时间结束,我们见到

孩子时应该停下手中任何其他事物，把安抚好他们的情绪作为首要目标，满足他们重新接近父母的渴望。如果无法按时和孩子相见，那么家长在孩子心中的可信度也会降低，安抚难度会随之增大，对孩子内心也会造成极大打击。

父母应该主动从孩子那里了解他对"分离"这件事的看法和承受能力，不能因为觉得自己有事在身，身不由己必须离开，而让分离这件事在孩子这里看起来成为一种不可抗力。不同的孩子其实对亲近父母也有着不同程度的渴望，根据他们的需要制订自己的生活计划和时间规划，这才是免除孩子承受亲子分离痛苦的基础。

随着孩子年龄的增长，毫无疑问，他们也需要将更多的时间转而投入自己的自由生活。和孩子之间建立起"联结—分离—联结"的良性相处模式，能避免孩子产生情绪上的压抑，同时让亲子关系这条绳子变得更有弹性，更加牢固。

但还有一些情况。迫于生存的压力，或受到某些不可抗力的影响，父母长时间与孩子分离——比如我们上面提到的留守儿童——这样的情况下，父母又该怎么办呢？

我想强调的是，没有哪个年幼的孩子愿意与父母分离，他们往往是被迫接受了亲子间的中断，所以父母毫无疑问应当承担更多的关系修复责任。在父母主动进行联结之前，孩子内心的创伤是很难自行恢复的。

因此，在孩子未成年之前，当孩子需要亲近父母的渴望得到满足时，他们从亲子中断中受到的创伤就会获得非常好的治疗效果。与其在多年后和孩子心平气和地坐下来回想当年的不幸，让关系重建，不如在孩子因为和父母分离而产生负面情绪时，就让他们内心得到极大的满足，从而走出童年的不幸。

父母给孩子的原生家庭有多么和谐，孩子将来走出家庭迈向新的家庭就有多么顺利。让孩子受到分离创伤，主要责任在父母，但孩子成年后，通常父母已经到了没有那么容易主动承认错误的时候。这时，最重要的是双方之间的相互体谅。

必须要说明的是，即便分离创伤的主要责任在父母这边，父母其实也是受害者。我们应该努力让孩子明白，分离很多时候是人生中一种无奈的选择。我们愿意承担自己的责任，但需要长期循序渐进的交流。

有时，尽管父母在很努力地修复关系，但孩子依然无动于衷，这对我们是极大的挑战。作为父母，我们能做的，就是不抛弃、不放弃，耐心等待对方的回应。毕竟，冰冻三尺非一日之寒。

当我们完成亲子关系的重新建立，亲子之间的"墙"也就消除了，由于亲子分离给孩子带去的种种防御机制也将逐渐消失。

第七章
CHAPTER
7

爱的实践：
用一生的时间练习爱

爱的发现：如何发现天赋，让孩子实现梦想

中国这些年来经历了高速的经济发展，对大部分经济比较发达的地区的家庭来说，"温饱"已经不再是问题。可以说这些孩子都是在衣食无忧的环境里长大的，从一出生就没有什么物质上的"匮乏"，完全没必要担心生存问题，因此不会为了争取什么物质上的东西或为了一个填饱肚子的"铁饭碗"而努力。当物质需求的满足不再是一个根本问题的时候，精神需求便凸显出来，于是"心灵成长"成为这一代年轻人最重要的需求之一。

这对新时代的父母也提出了更大的挑战。在过去的"物质需求"时代，父母都聚焦于为孩子提供一个安全的、衣食无忧的环境。在所谓"有口饭吃就不错了"的时代，连知道"心理学"这个名词的父母都是极少数。以前父母是怎么教育孩子好好学习的？

"你不好好学习，就考不上好大学；考不上好大学，就找不到好工作……"

但如果对现在的孩子这么讲，他们怎么回答呢？

"我为什么要找好工作？反正又饿不死。再说了，你说的'好工作'，我还不一定觉得好呢。"

妈妈觉醒，孩子幸福：给孩子一个更好的原生家庭

一句话就可以把父母怼得哑口无言。

现在的孩子们，相对于对"成功""出人头地"的渴望，他们更加重视的是"拥有让自己为之努力的价值""自己喜欢的人"，还有"忘我地彻底投入"。这与金钱或物理性报酬没有直接关系，追求的是"自己本身的喜好与精神价值"。

随着物质生活、科技发展的进步，越来越多的孩子认识到了追求自己梦想的重要性，但父母却未必跟得上时代的步伐。父母对孩子出人头地的渴望及严苛的要求，必定会和孩子内心想真正实现自身价值的渴望形成矛盾。

在过去，生产线上的工人就跟机器一样，不能有个性，更不能随意发挥"创意"。而未来，人工智能的普及，将会解放人类的机械化劳动，将人的时间和精力放在更加人性化、更具有创造力的事情上。因此未来的世界，每个人都有机会去展现自己独特的价值，按照自己的兴趣来选择自己的事业。未来的教育，也将更加符合孔子提出的"有教无类，因材施教"的原则——互联网普及能够实现教育公平，而教育需要根据每个人的特质来培养其特长。甚至可以说，我们正进入一个人人都有机会发现自己的天赋才华、实现自我独特价值的时代。

因此，如何发现孩子的天赋，就成为教育中很重要的事情。

每个家长都希望在孩子们的行为中发现蛛丝马迹，期望寻找到能够早期发现孩子天赋的各种手段。有些幼儿园模拟成人拓展培养方式，去寻找孩子的培养方向，有的地方甚至推出通过掌纹看天赋的活动。那些似乎已经找到了方法的父母们，则根据自己的判断或意愿，将孩子送到各种特长班、少年班学习各种技能，希望有一天他们能成为这方面的专才。为了这一目标，家长们不遗余力地投入着巨大的财力和精力。

但是，钱真的花在刀刃上了吗？更重要的是，被动地从一个辅导班转到另一个特长班，学习他们并不喜欢、并不擅长的东西，孩子们的成长之路越发渺茫。那些原本聪慧的孩子，很可能在错误的教育方向中失去了灵气，他们的天赋甚至被抹杀。童年对孩子来说再也不是快乐美好的记忆，而是压力与烦恼。而等他们长大以后，更多的是对父母的抱怨，而非感恩。

在天赋教育中，父母要成为孩子的伯乐，而不是规划者。

如何发现、发挥孩子的天赋，这里有着巨大的学问。天赋教育是伯乐的学问，所有父母都要去思考如何当个好伯乐，如何长期、细腻、深层地看到孩子的某种特质。每个孩子都会有属于自己的特质与敏锐度，再加上相关能力的累积，再串联到某类主题、某个学科或某种职业取向，就会变成很明显的天赋。

所谓"天生我材必有用"，每个人都应该尽早倾听自己内心的天赋声音，趁早往对的路走，因为唯有长时间的努力，才能让天赋发光发热。

若以生态栖地来比喻，传统教育就像把原生的树全都砍掉，再将一模一样的树种在各个栖地。但天赋教育的策略，是不砍树也不种树，而是看看原生的树是怎么长大的，想办法让树长得更好并发展为优势树种。尽管这并不容易，但绝对是值得努力的方向。今天我们的父母通过教育和学习，可以让孩子在更早的年纪收获到爱，发觉更适合自己的方向。

要引导孩子走向实现生命价值的目标，我们应该先了解自己的孩子到底是什么样的人。

那么，到底要如何发现自己的天赋才能呢？

我想通过自己的案例来探讨这个话题。

我从16岁开始，就无法再专注地听老师讲课了。我的脑子里有一堆问题盘旋不去："我是谁？""生命的意义是什么？""我来这个世界的目的是什么？"……

这些问题像一个个魔咒困扰着我，并由此开始了我长达10年的抑郁痛苦期。我曾求助于身边的长辈、老师，但依然得不到让自己内心安定的答案。同时，我因为自己无法正常听课学习，一方面对父母感到愧疚，另一方面也感到前途渺茫。

有一天，我突发奇想："世上有没有人可以自学成才？"

有，天才！

于是，我开始寻找各个领域"天才"的资料，看看他们跟普通人到底有什么不同。我试图从这些天才身上找到一些可供自己模仿的痕迹，希望能够拯救我自己。正所谓"死马当活马医"，反正无心听课，不如拿自己做个实验。

很快地，我发现了天才的一些共同特征，也对天才有了全新的认识。

天才到底是什么？爱迪生的两句话让我茅塞顿开。爱迪生说："天才就是婴儿。"这句话让我明白：每个人生来都是某一方面的天才，只是在成长的过程中，我们迷失了自己。要成为天才，就要找回自己与生俱来的独特优势。

我暗暗下定决心："我一定要找到我自己，一个属于我自己生命的答案。也许我真的无法像别人那样取得好成绩，也许我注定会走一条少有人走的路，但我一定会为自己的选择负责任，找到自己可以为之奋斗终生的理想。"

从此，了解自己、寻找自己和成就自己，成了我生命的主旋律。

爱迪生关于天才的另一个论断是这样说的："天才就是1%的灵感，加上99%的汗水。但是那1%的灵感才是最重要的，否则即便你有100%的努力也不会成为天才。"后面那句常常被人忽略了。当我读到这段话时，我仿佛找到了一把钥匙，让我重新审视了天才的能力。

通常人们谈到天才，都会涉及两个商数：智商和情商。

不难发现，在科学领域有造诣的人，他们的智商往往是不低的。只有超群的智力才能让他们对每个变量产生更敏锐的察觉，发现新的技术，推进人类科技进步。

而善于分析社会本质、人际关系的人,他们有着高超的情商,能够感知到人类情感和社会动向的微妙变化。

然而我发现,许多天才这两个商数都不高。

舟舟就是一个很好的例子。他是个指挥天才,然而时至今日,舟舟依然无法生活自理,也无法与人顺畅交流,更难以表达丰富的情感。他的智商和情商,都不能说是最高的。

因此,让舟舟成为指挥天才的,不是智商,也不是情商。智商与情商是人们可以努力提升的那99%,而真正决定一个人是否有天才能力的,是另外1%。

"灵商!"我的脑子里冒出了这么一个词语。灵商代表灵感商数,即一个人那1%的灵感是否能够随时出现,运用自如。多年以后,我在研读一本外国教育著作时才了解到,原来西方早就有"灵商"这个词。

智商,是做事情的能力,即人与物的关系,代表一种思维能力和动手能力,更多与"真"有关。自然科学领域里的研究者们抱着求真的精神探索世界,智商必不可少。

情商,是为人处世的能力,即人与人的关系,代表着情绪管理和情感交流的能力,更多与"善"有关,用于改善家庭、组织、社会关系,让人们生活得更加和谐。

灵商,则是创造力,是人与自己沟通的能力,这是一种艺术家的思维,更多与"美"有关。艺术家找到自己和内心感受的连接,再用艺术作品呈现出来,这就是艺术创作的过程,是表达美的过程。

好比同样面对一张桌子:科学家会分析计算桌子体积、材质、密度等数据;社会学家则会分析这张桌子的社会功能,看它能够给人类带来什么样的价值;而艺术家则会把这张桌子转化成一段旋律、一幅奇怪的图画、一段独特的舞蹈——艺术家虽然表达的主题是"桌子",但每个艺术家,都只是在表达内在的那个"我"。这种由内到外产生的直觉灵感,就是创造力的根本。

因此,不论在哪个领域,一个伟大的天才,也一定是位充满创造力的"艺术家"。

一个人三商所占的比例,决定了他这颗种子会长成一株什么样的树。如今我们一直在强调对知识和技能的教育,却忽略了对孩子创造力的发现和推进。

同时,我还发现:天才总是把自己热爱的事情做到极致。天才往往比常人更加勤奋,这种勤奋,并不是自律,而是真正的热爱——欲罢不能,至死方休。有这样的一种狂热,还怕没有学习的动力吗?

明白了天才的这些奥秘之后,我开始自我探索。

我发现自己对音乐和文学感兴趣。

于是,曾经那个一进入教室、听到教室里的读书声就感到脑袋嗡嗡作响的我,开始能享受每天的早自习了。我坐在教室最后一排的角落里,戴着耳机,我的书桌里放着一百多盘磁带。在美妙的旋律中,我高声朗读着一本厚厚的诗集。那真是绝佳的享受!读着读着,我便融入了每首诗的意境和画面中,仿佛我就是诗人,体验着那一个个不可思议的历程。

把抽象的"旋律"和"文字"翻译成了"体验",这就是欣赏艺术的过程。

反之,把"体验"翻译成"文字""旋律""线条色彩",那不就是艺术创作的过程吗?

——我就这样开启了自己的"灵商"。不断体验,不断地写诗。

有一天,我坐在教室里发呆,看着窗外的云变化万千,随手作出一首诗来:"风作狼毫云为墨,亿兆澄空皆素帛。兴来挥御八方气,丹青万卷浮碧落。"哈!那些堵在心里的抑郁情绪一扫而空。这样的诗我写了厚厚一本,写满了我的各种心情和思想,天天都觉得自己有着抒发不完的灵感。音乐和诗歌,陪伴我度过了自卑、自闭、另类的中学时代。

第七章 爱的实践：用一生的时间练习爱

由于坚持诗歌创作，我在刚上大学时，便很轻松地有了第一份工作——我开始参与并负责校报创作，每个月都可以挣到一笔生活费。尝到这个甜头，大学那几年我更是用尽一切力气去发展我的兴趣，培养特长。搞社团、编校报、摄影展、演讲赛、辩论赛、排话剧、办晚会、拍DV剧、做网站……多年以后，我吃惊发现：当我走进教育领域，所有这些能力居然都派上了用场！

兴趣是人喜欢做的事情，而特长是能养活自己的能力。如果人可以把自己的兴趣变成特长，从事自己热爱的工作，那不是特别幸福的事情吗？

毕业后我和几个兄弟一起创业，开了一家广告设计公司。

3年后，紧张的现金流、失恋的打击、成家的压力，让我再度陷入崩溃："我什么也做不了！"

3个月时间里，我总是无所事事地躺在床上，看着惨白的天花板和惨白的人生。

那些困扰了我十年的魔咒，再次萦绕在我的脑海里："我是谁？""我为什么要活着？""生命的意义是什么？"

那一年，我26岁，也是在那几个月的抑郁期，我的"灵感"突然出现："我要做生命的教育。"从16岁开始探索自己的天赋和使命，10年来艰难的探索历程，当这个答案揭晓的时候，我突然对造物主充满感恩，我内在充满了前所未有的信心和坚定。

我从此放下一切挂碍，背起沉重的行囊，走遍五湖四海游学一年，遍访名师，正式走进教育的领域。一年后，我加入了一家教育机构，正式从业。在工作中，我将自己的使命渐渐细切，变成自己的长期、中期、近期目标。在2012年，我看见了那个无比清晰的目标画面：我将花30年时间来办一所全世界最好的人文大学，为世界培养生命教育的优秀人才；那么我要用20年来办一所人文学院，用10年来办一所职业学校，用5年来办一家高品质的培训机构和公益组织。这些目标都变得很清晰后，我更清

205

楚了自己当下要做的事：我在一年内开始重新创业。

于是，2013年年底，我和伙伴们到杭州创业，朝着这个目标前行。如今过去5年半的时间，我们的培训机构"海恩生命教育"已经形成了完整的人才培养体系，在市场上获得了良好的口碑；而我们在浙江省民政厅注册的"幸福种子公益事业发展中心"也将心理健康与家庭教育的活动做到全国各地，受益人群有十几万人。理想和现实的差距，正在不断地缩小。

通过我的故事，可以总结出"发掘自己天赋才能和使命"的途径：

兴趣——志趣（特长）——使命——愿景（梦想）——目标——行动。

从自己热爱的事情开始做（兴趣），直到有志于在这个领域贡献价值（志趣、特长），一段时间后找到一个值得自己奋斗终生的使命，然后把使命变成一个有具体画面的愿景（梦想），接着把梦想变成长期、中期、近期目标，最后制订出一系列的行动计划，通过不断地行动去达成一个个目标，成就自己的独特价值，活出自己的天赋才华。

找到使命这件事情，我用了10年。践行使命，亦是十年如一日地过来了，从未动摇过自己的理想；而我也将用自己的一生去践行我的使命。

每个人的生命节奏都不同，或许有些人快，有些人慢，我们都应该去接纳每个生命原本最美好的样子。

爱的镜子：从看见到改变，优秀父母进化指南

经常有一些愿意学习、成长、改变的爸妈向我诉苦：老师，道理我都懂了，但我就是做不到，一遇事儿还是按照本能反应，该怎么办呢？

我经常安慰这些爸妈：不要着急，改变不是一天两天的事情。"道理懂了"只是在意识层面上理解了，潜意识若没有发生改变，我们的行为模式也很难变化。

那有没有什么具体的办法或者流程，让我们在生活中可以像学习做菜一样，先做什么、后做什么，都安排得明明白白呢？

还别说，真有一个这样的"菜谱"，我称之为"改变四部曲"：

- 自我察觉（察觉内在情绪）
- 自我满足（表达需要，重建自我图像）
- 分享爱（满足孩子的内在需要）
- 改变认知，调整行为

第一步，自我察觉。

我们之前已经有过比较详细的论述，这里就不多讲了。其中，自我察觉最有效的一个工具就是"冰山理论"——时刻观察自己是否在以爱之名伤害孩子。比如当孩子不听话或不符合你期待的时候，你是否用责备、威胁等语句，以"情绪勒索"的方式来让孩子感到愧疚、自责，而不得不听自己的话？

在团体咨询中，我们经常会做一个叫作"爱的镜子"的练习。比如我们会让团体中的成员扮演某位父亲/母亲学员的"孩子"，然后让这位"孩子"不断重复让这位父亲/母亲特别讨厌的行为。

当"孩子"在这样做的时候，父亲/母亲生理和情绪上通常很快就能发生变化。有的人可能会觉得胃痛，有人会觉得腿麻——这时候我们就会引导这位学员体会自己的这些感受。然后带着这份感受转身——转身是为了将注意力从"孩子"身上转移到自己身上，因为"孩子"激发出来的这些感受其实都是自己的"痛点"。而且这些"痛点"，绝不是自己有了孩子之后才有的——它可能来源于父亲/母亲孩提时代某种被压抑的需要。

第二步，通过自我察觉看到自己内心真实的需要后，尝试将这种需要表达出来，并满足自己。

这是一个自己重新养育自己的内在小孩，填满自己的情感银行的过程。

当我们能够习惯性地满足自己，就可以最终改变自己内心的"自我图像（Self-image）"。自我图像也可以叫自我意象或自我映象，是一个人在成长过程中对自己形成的一系列认知。简单地说，每个人长大的过程，也是一个为自己画自画像的过程。有的人把自己画得特别美，有的人把自己画得很丑（即便他自己本身是很美的）；有的人把自己画得很受人欢迎，有的人则把自己画得很孱弱、孤独、无法融入人群，等等。

很多人之所以无法对着镜子坦然地说出"我爱你"，就是因为在他们的自我图像中，自己是不值得爱的。

爱就像一口井，当自己井里的水不满的时候，是无法灌溉田地里的种子的。如果我们自己是空的，孩子也很难感受到你的爱——当你试图分享爱的时候，孩子的反应会是抗拒。为什么？因为他潜意识里很清楚，父母在强装爱我，而不是让爱自然地流淌到自己身上。

重建自我图像的过程，也就是我们父母改变自己生命的内在模式的过程。

在《重建生命的内在模式》这本书中，两位作者杰弗瑞（Jeffrey E. Young）和珍妮（Janet S. Klosko）为我们提供了十分具体的重建自我图像的步骤：

（1）先画出或辨认出自己的心理图像。

（2）尝试探索这种图像形成的原因。也就是检视、回想成长过程中，是不是有哪里没有被照顾好。

（3）建立相反的情境。也就是透过反证法，举出一些反例，比如寻找一些自己受到他人喜爱或认可的、实际发生的案例，让理性认知到自己并不是原来意识到的那个样子。

（4）写信给伤害过自己的对象。试着跟对方对话，但也不一定要跟真人对话。可以用心理剧场的方式进行自我疗愈。

（5）检视自己的困境。列出自己可能遇到的困境清单，根据清单去分析难度。

（6）想办法打破自己的困境。对照清单上的困境，尝试从困难度较低的那个开始一步步克服。另外，在遇到困难时，拿出写着提醒自己如何面对困难的"记事本"来帮自己解决难题。

（7）持续地努力、重复。

（8）原谅伤害过自己的人。在"爱的镜子"练习中，我们会让学员转身面对自己的"父母"，让他直面自己的过去，看到自己的心理感受，并向"父母"表达这种心理感受。当表达完感受之后，再尝试表达需要，说出自己希望"父母"为自己做什么，比如一个肯定，或者一个拥抱，或者一段陪伴，或者一声鼓励……然后上前拥抱"父母"，想象"父母"的爱流动在自己身上，然后离开父母的怀抱，向父母鞠躬感恩，谢谢父母的这份爱。

这也是一种满足自己、爱自己的过程。

第三步,分享自己的爱。

经过一遍遍的重复和努力,我们就能比较自然地爱自己、满足自己了。当我们自己得到了足够的满足,我们就有了充足的能力和动力去满足孩子。

在"爱的镜子"练习中,我们会让学员再次转身,带着爱的体验看着"孩子"。

孩子不肯改变,反复激怒父母,是因为他们没有感受到父母的爱,所以只能通过提要求的方式获得父母的注意。在练习中,我们会要求学员带着爱意去创造一种新的与孩子互动的方式。

在亲子互动中,孩子是非常善于发现父母的套路的,比如父母可能会尝试贿赂孩子,用玩具或礼物来替代亲子陪伴的时间。但这种方式一开始可能有用,两次三次过后,孩子肯定就能发现父母是在套路自己,这时候他挑战父母的方式就会"升级"——下次他会变个法子来刺激你。

但我们在面对孩子的挑战时,如果能在内心快速做一个"爱的镜子"练习,那么我们就掌握了亲子互动中的一个诀窍。当我们带着套路、方法来面对孩子的时候,孩子也会用反套路的方式来制衡我们;当我们带着觉察和爱意去面对孩子的时候,孩子也就不会想办法反制父母了。

最后一步,改变认知,调整行为。

这一步讲的是孩子最终发生行为改变的原理和过程。我们怎么让孩子的行为变得越来越健康向上呢?我们整天唠叨、讲道理是没用的。为什么?因为你看不到他的实际需求,你的话语都会变成耳旁风。即便我们去惩罚他们——也就是试图直接改变他们的行为——可能当时他们迫于压力改变了,但不会从根本上改变一世。

所以,要调整孩子的行为,就要在给予充足的爱的基础上,去满足他们的正面动机。比如孩子沉迷于电视剧或游戏,可能是因为家庭没有给予他足够的关心和陪伴。当我们怀着爱意去靠近他们,满足他们的需求时,

孩子身上的改变就会发生。当我们试图强行扭转他们的行为的时候，孩子的反应一定是对抗、对立甚至沉默、自闭——自闭也是对抗的一种形式。

所以，父母跟孩子之间的"斗智斗勇"，最终比的是谁的境界更高，比的是谁更能自足、自律。当我们自己足够强大，情感银行足够充足，孩子自然也会跟随着我们的变化而变化。

想成为亲子关系美满的优秀父母吗？请行动起来，重复上面的"改变四部曲"。改变我们的固有行为模式、固有信念和情绪、固有格局与地图，成为可以自由选择而非被动挨打的父母。总有一天，不需要你去唠叨，甚至不需要你说出来，孩子就能意会到你的意思，并且心甘情愿地去做。

3

爱的习惯：从他律到自律，让爱成为一种习惯

许多家长都会有这样的困惑：如何能够让自己获得持久有效的改变？让前面所说的所有的正确爱孩子的方式，成为一种习惯？

大作家马克·吐温（Mark Twain）曾说过："习惯不能一股脑儿被扔出窗外，必须一步步地把它哄下楼。"（A habit cannot be tossed out the window, it must be coaxed down the stairs a step at a time.）

毛主席也说过：一个人做点好事并不难，难的是一辈子做好事。

要让爱变成一种习惯，真的不是那么容易的事。

在心理学研究中，专门有一个方向就是研究人的"习惯养成"。学者们发现：一个人在幼年时，养成一个习惯，只需要重复21次，在潜意识里就形成了强有力的条件反射。而这个习惯一旦形成，等到成年后再去调整，养成一个新的习惯，则需要3~6个月的时间。而在这个过程中，人的行为模式容易不断地反复。

在东南亚，人们劳作中常常离不开一种大型动物：大象。你可知道人类是如何驯化大象的？当这些象还年幼的时候，用很粗的链条绑着它们，小象生性自由，会不断挣扎。而在挣扎的过程中，链条的拉扯会给小象带来痛苦，这让小象体会到：挣扎就会痛苦，听话才能安全。当小象渐渐长成大象，即便人们不用任何绳索来绑住它，它也不会逃跑了。因为在大象的心里，已经有了一条无形的锁链。这就是它的固有情绪（对逃脱的恐惧）和固有信念（挣扎是痛苦的），造成的固有行为（听从主人的一切指挥）。

在每个人的成长历程中,我们经历了许多事件,大量未被消化的情绪成了我们的固有情绪,由此也催生出许多的固有信念,养成了固有的行为习惯。

因此,如果要长久持续地改变,就要挑战自我的这些固有情绪、固有信念和固有行为。而这正是持续学习的意义。

什么样的学习是有效果的呢?

通过十多年的个案辅导、团体咨询和教学经验,我发现了两个有效的学习策略。

第一步策略:团体式学习 + 体验式学习。

第一个方式是团体式学习。顾名思义,团体式学习就是大家聚到一起共同研究、学习、进步的方式。心理咨询中常见的团体咨询或团体治疗就是最常见的团体式学习方式。团体式学习,解决的是我们不够自律的问题。

为什么团体学习比个体学习更有助于改变呢?

我们先来看团体学习一个非常重要的特点,就是可以"以人为镜",这方面有一个很形象的模型,叫"约·哈利窗"(如图7-1)。

1955年,加州大学西北研究中心的约瑟夫·勒夫(Joseph Luft)和哈利·英格拉姆(Harry Ingram)两人提出的一个研究人际互动关系的理想模式:约·哈利窗。

通过"约·哈利窗"模型可以看出:当我们的隐藏潜能要变成一种公开的能力的时候,我们的盲点和隐私(那些隐藏在我们心里且一直困扰着我们、消耗生命能量的部分)都会跟着减少。因此,团体学习的意义在于:通过别人(团体成员)的眼睛,来发现我们自身的盲点;也通过自我的揭露,来清理自己的负面隐私——当一个人在安全的团体中愿意分享自己过去觉得羞愧、难以启齿的事情,释放负面情绪,这对自己而言是重要的疗愈。也就是说,通过团体的互动,我们能将自己意识不到或有意隐藏的冰山部分带出水面，扩大自我的认知范围。由此，我们也激发出自己的潜能，获得更多的智慧。

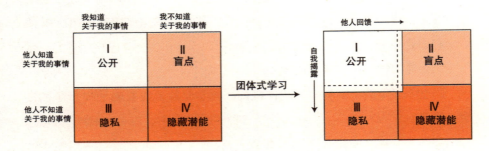

图 7-1 "约·哈利窗"模型

团体式学习的第二个好处是，团体的改变可以迅速带动个体的改变。

心理学大师、犹太人库尔特·勒温（1890—1947）创建了心理学领域中的"团体动力学"。团体动力学认为：团体具有较强的整体性，对个体具有很大的支配力。因而一般来说，要改变个体，应先使其所属团体发生变化，这要比直接改变个体来得容易。只要团体的价值观没有改变，就很难使个体放弃团体的标准来改变自己的意见；而一旦团体标准发生了变化，那么个体由于依附于该团体而产生的那种对变化的抵抗也就会消失。

独自奋斗虽然很令人佩服，但是有人支持会更容易成功。因此，要改变坏习惯，最好是找一群想要改变同一习惯的朋友，大家一起奋斗。

和志同道合的人一起，不但可以互相勉励，让我们有坚持下去的力量，还可以从他们那里得到很多好建议，并学习他们如何培养新习惯。

因此，我建议父母们多参加一些团体学习来实现习惯的改变与养成，这应该会比你一个人闷头往前冲要来得更加容易。

我的第二个建议，是多参加一些"体验式学习"。体验式学习，顾名思义，就是让我们以体验而非讲道理的方式，更加直接地用身体感受变化的发生。

体验式学习解决的是我们"持续性动力不足"的难题。理论学习是很枯燥的，且难以坚持。而且，传统的说教式教学，也就是一个人以演讲或授课的方式传达资讯给其他人，学习成果仅限于智力层面。

但在体验式学习中，学习者对于正在发生的学习及过程是察觉的。学习者投入于省思的体验中，并且将当下的学习联结到过去、现在和未来。而且，那些体验和内容是独具个人意义的：学到了什么和如何学到的，对个人而言有特别的重要性。这个过程涉及完整的自己——身体、想法、感觉和行动，而不是只关于心智，换句话说，学习者是整个人全然投入的。

所以在体验式学习中，我们不做理论和技术的探讨（只在体验之前讲明白基本的原理），而是直接让大家在一个氛围纯净的封闭式环境中，收获完整的心理体验，这些体验环节的设计，会让大家重新"翻阅"自己人生的经历，重新审视自己的成长历程，并从中获得新的发现和觉察。而学员在这个过程中，往往会有顿悟的感觉，对自己过去困惑的问题感到豁然开朗。

"爱的唤醒工作坊"这5天的时间，就是通过大量的团体互动和体验式学习，来让学员获得对生命的正知正解。这就是一个"悟"的过程。

不过，从"悟到"到"做到"，还有很远的距离。

而在这之后，我们又开设了"爱的唤醒实修班"，花费4个月时间，每个月进行4天集训课程，课后由小组互相督促、助教督导的方式，让大家能够按照一个成年人养成新习惯的周期，来养成"爱的习惯"。

在为期4个月的"爱的唤醒实修班"里，我们采用了第二步学习策略，具体如下。

第二步策略：系统学习 + 个案探索 + 督导训练。

系统学习：就是对人心理健康、家庭关系等基本的规律要有系统的学习，掌握基本的常识，调整信念，明白自己要朝哪个方面去调整，以及为什么要这么调整。系统学习包括对大量理论和方法的讲解，也包括团体式和体验式的课堂练习。

　　个案探索："家家有本难念的经"，相类似的问题背后，可能其原因大相径庭，这就需要进行细致深入的个案探究去理清具体的原因，并且对症下药地找出解决方案来。通过这样个性化的探索，每个人最终拿到的解决方案都是最适合自己的。

　　督导训练：人都有惰性，一旦找到个性化的解决方案找到之后，我们往往需要一个教练来督促我们，或者一个团队互相督促。所谓"自律不够，他律来凑"，通过他律走向自律，最终获得自由。

　　如此，通过"爱的唤醒工作坊"和"爱的唤醒实修班"这两个阶段的学习训练，人们就在3~6个月的周期之内，彼此见证奇迹的发生。

　　最后我想说的是，父母们应该主动出击，让改变发生。很多时候，我们都在等待对的时机出现时才开始改变，然而成功的好习惯养成者决不等待明天。他们发现有需要改变的习惯，就会马上行动。因为，成功不是靠一蹴而就，而是靠着累积每天的小进步。

爱的圆满：借助造物的力量，追求个人与家庭生活的圆满

有很多父母来访者曾向我讨教"成长的智慧"。

比如，有位参加我们课程的学员曾问我："航武老师，跟您接触也有快两年的时间了，但每一次见您还是会感到吃惊，因为您每一次课程都有明显的新变化，而且在现场解决问题的时候，总是充满灵感和创造力，简直如有神助。请问这是怎么做到的，您是有什么独门秘籍吗？我们在生活中，如何也能这样快速地改变、进步，收获家庭的圆满呢？"

别说，我还真有一件法宝，但它既不"独门"，也不是"秘籍"，而是来自我们老祖宗的智慧。我运气好，在成长的过程中不小心体证到了，赞叹其妙用无穷。我称之为"幸福四法宝"——现在我就在这里分享给大家。

"发愿"，是做"除法"：排除杂念和诱惑，让生命变得专注而简单；

"祈请"，是做"加法"：给自己增加力量和智慧灵感；

"忏悔"，是做"减法"：放下自己的罪恶，让自己获得重生；

"回向"，是做"乘法"：让自己的福德倍增。

首先，爱的"除法"——发愿。

我自己平均每年要花 50~60 天时间接受全天候的课程学习，接受各种疗愈和训练，不断跟更多的智者、德者去学习，10年下来花费至少百万元。同时，我一年要讲大约150天的课，还要做企业、建平台、带团队，工作强度非常大，还要兼顾自己的家庭——但我不觉得苦。这种动力来自何处？只因我发了一个大愿：我要办一所全世界最好的大学，为社会输送大量德才兼备的人才，让人们生活得更幸福。

我知道自己现在离这个梦想的差距有多大，但这份愿力（使命感）驱动我开始了这样的事业，而这份事业让我无法偷懒，于是我只能越发精进。

我们都可以问自己一个问题：我是否有一个美好的梦想，或有一份使命感，能让自己不断成长呢？比如我们做父母的，发心要让自己的家庭成为世界上最幸福的家庭，那么我们就会获得巨大的改变的动力。

其次，爱的"加法"——祈请。

虔诚地祈请，会让自己获得力量。那么，向谁祈请呢？只要是你真诚信仰的都可以。我不属于任何一个宗教，但我也有自己的信仰，那就是伟大的造物主，或者说宇宙、大自然。每次做讲座或者开课前，我都要向造物主（即宇宙、自然）祈请，祈请它给我力量。遇到问题了，我也会向它祈请："小生我无能为力，请您帮忙解决我的问题吧。"往往问题就会迎刃而解。

有信仰的人可以祈请自己心中的信仰来陪伴、帮助自己，没有信仰的人也可以祈请光明、宇宙、星空、太阳、高山、大海……总之能够给你内心力量的画面。

另外，我还会祈请老师。很多人认为我读书很多，都请教我平时看什么书——我家里的确有很多书，但大部分都没读过。但当我感到困惑的时候，我就会闭上眼睛，从潜意识中寻找能帮助我的老师。比如我会突然想到孔子的某句话，这时候我就会再去有意识地翻一翻《论语》，书中的话往往就能让我茅塞顿开。

这是成年人跟儿童的区别。儿童可以死记硬背很多文章，但成年人

更要靠理解和领悟。我能记住的经典不多，但记住的那几句话会在我的生命中产生巨大的威力，帮助我得到很多的成长和改变。跟越多的老师相联结，我们的"法门"就越多。所以我在讲课、做个案时，每当遇到难题自己不知道该怎么办的时候，就会在心里非常快地做一个祈请："请哪位老师赶紧帮帮忙！"有时候就突然有灵感，知道该怎么做了。

如果这位老师是我在现实生活中见过的很擅长处理某类问题的，那我会想象如果自己是那位老师会怎么做，然后我就模仿他，我的语音语调和神情都会发生变化。这也是为什么我愿意花很多时间和金钱去学习，因为可以跟更多的老师建立深度的联结。

再次，爱的"减法"——忏悔。

也就是看见自己过去做过的事情，然后从中学习，像曾子说的"吾日三省吾身"，于是下次讲课就会做得更好。

忏悔，包含两个意思："忏其前愆"，以前所造的过错要忏除；"悔其后过"，让以后的过错不再产生。忏悔是人类各种文明中教人化解内在痛苦的最重要的方式，它分为三个层次：

第一层是"释忏"，也叫"发露忏"，就是先回顾自己做过什么，把自己觉得做错的地方都呈现出来。这时候人会产生负罪感。负罪感也是有用处的，可以让人有改变的动力。

当我们内心有个声音说"我要改变"时，我们就来到了忏悔的第二层——"理忏"。理忏，就是自我学习。我们看自己过去做的事情并问自己：如果以后再遇到这个情况，该怎样做才能不再重蹈覆辙，有什么更好的选择？

最后一层叫"空性忏"，也就是清空放下。学习完了，就不再纠结了，彻底放下。把所有的荣耀和痛苦都放下。过去不代表未来，成功是失败之母——过去的成功就是你未来失败的原因。不要躺在过去的成绩上自满意得，因为生命的每一刻都是全新的。

最后，爱的"乘法"——回向或者回馈，也就是感恩和祝福的意思。

我把它改成现代版，叫"爱的回馈"——请把我今天收获到的所有的爱，分享给子女、父母、亲朋好友、陌生人，乃至整个世界。

爱的回馈，是一个我们放大爱、放大自身价值感的过程，会让我们觉得自己的生命、子女的生命、其他人的生命更有价值。当爱被放大而不是被缩减，我们的心理就能越来越健康，身体状态也会越来越好，亲子关系也会越来越和顺，家庭生活也将越来越美满。

一念回转，改变的不仅是自己。

父母是世界上最辛苦、最伟大也是最容易出错的职业。我们个人的力量是有限的。即便我们再愿意学习、改变、成长，还是会有我们做不好的地方、解决不了的问题。这时候关键就是要放下，将问题交给更大的力量，让它们来帮助我们。只要内心足够虔诚，相信我们是会得到回应的。